Dello stesso autore nel catalogo Einaudi

Africo
La forza della democrazia (con Marco Fini)
Il sovversivo. L'Italia nichilista
Il disordine

Corrado Stajano
Un eroe borghese

Il caso dell'avvocato Giorgio Ambrosoli assassinato dalla mafia politica

Einaudi

© 1991 e 1995 Giulio Einaudi editore s.p.a., Torino

Prima edizione «Gli Struzzi» 1991
www.einaudi.it

ISBN 978-88-06-17763-8

Indice

Un eroe borghese

p. 3	Capitolo primo
9	Capitolo secondo
30	Capitolo terzo
44	Capitolo quarto
70	Capitolo quinto
93	Capitolo sesto
102	Capitolo settimo
113	Capitolo ottavo
124	Capitolo nono
139	Capitolo decimo
150	Capitolo undicesimo
158	Capitolo dodicesimo
178	Capitolo tredicesimo
191	Capitolo quattordicesimo
209	Capitolo quindicesimo
219	Capitolo sedicesimo
225	Capitolo diciassettesimo
229	Capitolo diciottesimo

Le facciate sono state dipinte a nuovo, i tetti sono stati rifatti, gli ottoni sono stati lucidati, la città è un gran cantiere ingombro di gru, di scale, di ponteggi. Le palizzate e i velari coprono blocchi di fabbricati, coi cartelli che avvertono: «Non sostate sotto le impalcature. Pericolo!»

Gli stilisti hanno comprato antichi palazzi, le case di ringhiera sono diventate show-room, le aree di fabbriche dai nomi famosi sono state abbandonate, terra desolata, in attesa di diventare negozi, uffici, supermercati, loft.

È stato ristrutturato il corpo di una città, di un intero paese, anzi. La grande trasformazione periodica. Ma, se nell'apparenza tutto è mutato, nulla, sotto, è stato sanato e succede cosí che tra i luccichii delle feste e i mucchi di farina d'oro donati in nome dei santi protettori, si possano intravedere «Per tutto cenci e, piú ributtanti de' cenci, fasce marciose, strame ammorbato, o lenzoli buttati dalle finestre; talvolta corpi, o di persone morte all'improvviso, nella strada, e lasciati lí fin che passasse un carro da portarli via, o cascati da' carri medesimi, o buttati anch'essi dalle finestre: tanto l'insistere e l'imperversar del disastro aveva insalvatichito gli animi, e fatto dimenticare ogni cura di pietà, ogni riguardo sociale!»

Di nuovo la peste. Di nuovo i monatti e gli untori, questa volta untori veri, ben reali, che con *ontioni parte bianche e parte gialle* hanno imbrattato e incrinato le fondamenta della città. E nessuno, o quasi, s'è accorto del magma putrido che è rimasto dietro le pareti tinteggiate di fresco, sotto i tetti rimessi a posto, a infettare, a lacerare, a insanguinare, a distruggere.

Che cosa è successo negli anni passati, molti se lo sono dimenticato, molti l'hanno coscientemente cancellato dalla memoria. Anche perché la ribellione, il desiderio di rifare davvero quelle marce fondamenta sono stati frustrati e i governanti seguitano a essere gli stessi che in quegli anni di orrore furono complici e sancirono le connessioni tra affari, mafia, politica e azioni criminali proliferate negli anni successivi, e oggi ancora di piú, causando sempre nuovo dolore e spargendo altro sangue innocente.

Sono cambiati, da allora, i ceti, le classi sociali, i modi di vita, le professioni, il lavoro. Sono cambiate, moltiplicate, le ricchezze e, anche, le povertà.

Le bandiere non sventolano, il popolo non scende in piazza, forse il popolo non c'è neppure piú o, se c'è, sta rintanato coi suoi rancori nei casoni delle periferie.

E i giovani appassionati di una volta non sono soltanto ingrigiti. Presi dal tarlo del disincanto hanno annullato nei ritmi quotidiani le loro speranze impossibili.

Sono cambiate tante cose da quando Sindona era un re di Milano, ossequiato, riverito e sono passati piú di dieci anni da quando un avvocato di Milano, incaricato dal governo di liquidare la banca sindoniana mandata in rovina, fu assassinato da un killer arrivato dall'America.

Questo libro racconta la storia di Giorgio Ambrosoli, uomo libero e solo, eroe borghese che avrebbe potuto vivere tranquillo con le sue serene abitudini e invece, per la passione dell'onestà, si batté contro un «genio del male», sorretto da forze potenti palesi e occulte, e fu sconfitto.

Ma questo libro – e questo caso – è anche un giallo e un piccolo manuale che racconta la politica mafiosa, la politica nera, la politica sotterranea che i cittadini subiscono e il piú delle volte non sanno.

Un eroe borghese

Capitolo primo

Sembra una qualsiasi sera d'estate in una città semivuota. Fa un caldo piatto e umido, a Milano, l'11 luglio 1979, quando sei uomini soli decidono di andare a mangiare in una trattoria di via Terraggio, «Ai 3 fratelli», tra il bar Magenta, il cinema Orchidea e la basilica di Sant'Ambrogio. È un ristorante toscano, coi lampadari di ferro battuto, le travi di legno allo scoperto, un archetto di cotto sopra le porte a ripetere un improbabile rustico. E appese alle pareti, collane di salsicce, pentole, campanacci.

L'appuntamento risulta dall'agendina tascabile dell'avvocato Giorgio Ambrosoli: 8,25 Zileri; 8,30 Rosica. Come ragazzi passano sotto casa a chiamarsi l'un l'altro. Sono amici dai primi anni '70, i tempi dei Decreti delegati. I figli frequentavano l'asilo e la scuola elementare di via Ruffini, i genitori si conobbero durante le discussioni serali nella palestra. Vicini di casa, dello stesso ceto sociale, professionisti, industriali, dirigenti di azienda, le idee consonanti della Milano moderata, cominciarono a vedersi anche fuori della scuola.

La moglie di Ambrosoli è a Monte Marcello con i bambini, la famiglia Rosica è in Irlanda, gli Zileri sono a Forte dei Marmi. Sarebbe davvero una cena senza storia, quella di Giorgio Ambrosoli, Francesco Rosica, Stefano Gavazzi, Franco Mugnai, Paolo Zileri, Giampaolo Lazzati.

Ambrosoli è stanco, ma allegro, cordiale, sembra sollevato da un peso, un esame temuto che ha avuto buon esito. Per tre giorni è stato interrogato come testimone, al Palazzo di Giustizia, dal giudice istruttore Giovanni Galati e dai giudici e dagli avvocati arrivati dagli Stati Uniti per una rogatoria ordinata dalla Corte federale di New York che ha per argomento la bancarotta della Franklin National Bank di Michele Sindona. Le risposte di Giorgio Ambrosoli, commissario liquidatore della sindoniana Banca Privata Italiana di Milano hanno grande importanza per l'istruzione del processo della banca americana.

Ambrosoli non parla mai, non ha parlato mai della ragnatela in cui è calato dal 27 settembre di cinque anni prima quando il governatore della Banca d'Italia Guido Carli lo nominò commissario liquidatore della banca. Solo qualche volta, se le notizie diventano pubbliche, si sgela un po' e incrina la sua riservata natura. Ma gli amici non sospettano in quale mondo oscuro viva e sia vissuto in quegli anni.

Quella sera accenna alla rogatoria, ai giudici e agli avvocati americani, ma solo per dire che tutto è filato liscio. Si era preparato con cura e i difensori di Sindona che contavano molto sulla rogatoria milanese per alleggerire la posizione processuale del loro cliente sperando nella smagliatura delle risposte dell'avvocato, tornano a casa incattiviti.

L'ultima udienza è finita nel primo pomeriggio, William E. Jackson, Special Master del Distretto Sud di New York, è già partito per gli Stati Uniti; giudici, avvocati e testimone devono tornare in tribunale la mattina dopo, ma solo per rileggere il verbale di testimonianza e per firmarlo.

Al tavolo dei «3 fratelli», gli amici chiacchierano. L'estate, il terrorismo che seguita a mostrarsi truculento, la politica, le difficoltà di formare il governo dopo le elezioni anticipate del 3 giugno. Andreotti ha rinunciato all'incari-

CAPITOLO PRIMO

co pochi giorni prima per il veto dei socialisti e il presidente Pertini ha appena convocato Craxi al Quirinale. Ce la farà? Sul «Corriere della sera» di quell'11 luglio, spicca in terza pagina un lungo articolo di Walter Tobagi dedicato a Craxi: «Non sono un padre padrone».

Alle dieci e mezzo i sei hanno finito di cenare. Due di loro, Gavazzi e Zileri, sono appassionati di boxe e gli piacerebbe vedere alla Tv qualche ripresa dell'incontro tra Lorenzo Zanon e Alfio Righetti: in palio, al Palasport di Rimini, c'è il titolo europeo dei pesi massimi. La casa piú vicina è quella di Ambrosoli. Comincia il conto alla rovescia, con le dodici riprese dell'incontro di boxe che scandiscono l'ora e mezzo o poco piú che manca a chiudere anche la vita di Giorgio Ambrosoli.

Una casa rassicurante, quella dell'avvocato, in via Morozzo della Rocca numero 1. Un corridoio divide le camere da letto, i bagni, il guardaroba e la cucina, dal soggiorno ampio e lungo che sembra lo scafo di una nave, con un divano color rosa antico, un altro divano beige, un trumeau, una piccola scrivania, quadri, stampe, oggetti amorosamente raccolti, poltrone vecchiotte. È arduo pensare che la mafia e la criminalità politica sono arrivate fin qui a sconvolgere l'ordine di una casa che sembra cosí al riparo. In un angolo c'è un tavolo rotondo Impero, dove l'avvocato Giorgio Ambrosoli lavora la notte fino alle 3, alle 4.

Si sfilaccia senza pietà anche l'ultimo brandello della vita di Giorgio Ambrosoli. Mentre Gavazzi e Zileri guardano la Tv e gli altri fanno da controcanto al telecronista, Ambrosoli parla con Rosica, avvocato anche lui. Ha deciso, è la prima volta dopo anni, di fare una vera vacanza e di passare l'agosto tra il mare e la campagna di Ortona, la città abruzzese dell'amico. Sul divano color rosa antico

Ambrosoli firma l'assegno per la caparra. La firma gli viene un po' storta.

Che cosa fa l'assassino mentre Ambrosoli pensa alle vacanze, mentre Zanon e Righetti si caricano di pugni e le grida del Palasport di Rimini rimbombano nella scatola della Tv? Ha trovato rifugio in un bar, è immobile nella 127 rossa davanti alla casa, sta cercando la sua vittima nei posti frequentati dall'avvocato che conosce bene dopo i pedinamenti fatti in quei giorni, gira senza stancarsi per le strade deserte del quartiere in cui Ambrosoli ha abitato quasi tutta la vita?

Un quartiere della borghesia tradizionale mescolata ai ceti che vivono sui beni della proprietà ecclesiastica, i conventi, le confraternite, gli ospedali, gli istituti religiosi, le chiese. Da quella meraviglia dell'arte e della cultura che è Santa Maria delle Grazie e dagli orti dove lavorava Leonardo, al Pio Istituto del Buon Pastore, all'ospedale San Giuseppe, alla residenza dell'Università Cattolica alle case delle suore e dei preti rimesse a nuovo di continuo col giallo ocra di Maria Teresa imperatrice d'Austria.

Se si osserva il rettangolo del quartiere che ha per lati via Carducci e il viale di Porta Vercellina, via San Vittore e corso Magenta e si entra nell'intrico di strade spesso private, chiuse da muraglie, sbarre e cancelli vigilati da occhi elettronici, via Giovannino de Grassi, via San Giovanni di Dio, via De Togni, ci si rende subito conto di come è consolidata la ricchezza di chi ci vive e di come resiste la forma delle cose, nonostante l'urto del tempo. Lo si vede nei vecchi giardini con qualche putto di cemento rattristato, ravvivati d'autunno dai roghi delle foglie rosse, nelle case illuminate la notte come in un miraggio, coperte d'edera e di glicini, con le portinerie simili a palazzetti vigilati da portinai inavvicinabili.

All'undicesima ripresa, Zanon è investito da una gra-

CAPITOLO PRIMO

gnola di pugni. Resiste, contrattacca. L'incontro finisce alla pari, il titolo europeo resta a Zanon.

Poco dopo mezzanotte in casa Ambrosoli telefona qualcuno. L'assassino che vuol sapere se l'avvocato è in casa?

Giorgio Ambrosoli scende in strada a salutare gli amici. La sua Alfetta blu è parcheggiata sul marciapiede e questo gli fa venire in mente di portare a casa in macchina chi abita piú lontano. La compagnia si scioglie, Gavazzi e Zileri vanno a piedi, Ambrosoli accompagna Rosica e Mugnai e, ultimo, Lazzati, in via De Togni 7, vicinissimo.

L'assassino arrivato dall'America ha seguito Ambrosoli nella notte di Milano? Sta aspettando nella via dove sa che abita un amico dell'avvocato?

Deposizione di Charles E. Rose, sostituto procuratore degli Stati Uniti per il Distretto Est di New York: «In data 11 luglio 1979 William Arico noleggiò una Fiat rossa, con la quale si recò in vari posti che sapeva frequentati da Ambrosoli, avendolo pedinato in precedenza. Trovò infine Ambrosoli in uno di quei posti, ma non fu in grado di dirmi il nome della persona che abitava in quella casa o il suo indirizzo. Mi disse solo che a quanto pareva era un amico di Ambrosoli e che lo aveva visto là altre volte. Vide che il signor Ambrosoli stava andandosene, entrando nella sua auto. Il signor Arico ritenne che stesse tornando a casa e, facendo una strada diversa, partí rapidamente in macchina diretto all'abitazione di Ambrosoli, dove giunse quasi contemporaneamente a lui. Il signor Ambrosoli stava per scendere dalla macchina quando il signor Arico, sceso dalla sua Fiat rossa, si diresse verso di lui e gli chiese in italiano: "Il signor Ambrosoli?" Al che il signor Ambrosoli rispose "Sí", e allora Arico gli disse esattamente: "Mi scusi, signor Ambrosoli", e con la sua 357 Magnum gli sparò al petto tre colpi. Dopodiché Arico tornò alla sua Fiat rossa per fuggire... Arrivato vicino alla sua macchina, si voltò indietro, e vide che Ambrosoli era caduto a terra e che intorno a lui si erano raccolte tre persone...; disse che queste persone non avevano niente a che vedere con l'omicidio, che aveva commesso da solo... Il giorno seguente Arico tornò negli Stati Uniti»[1].

L'avvocato Giorgio Ambrosoli è stato assassinato sul passo carraio della sua casa. Esattamente quattro piani sotto l'angolo del soggiorno dove lavorava fino a notte alta, sul tavolo Impero, a cercare di districare le carte dei neri misteri di Michele Sindona.

[1] Deposizione di William Arico raccolta dal magistrato americano Charles E. Rose, in Sentenza-ordinanza di Giuliano Turone, giudice istruttore del Tribunale di Milano nel processo a carico di Michele Sindona e altri, 17 luglio 1984, p. 218.

Capitolo secondo

Un avvocato di Milano. Né oscuro né famoso. Rigido, intransigente, moralista, incapace di sfumature e di ambiguità, con una durezza corretta soltanto dall'ironia. È un uomo serio, brusco, sicuro delle sue scelte, anche se questo non esclude il dubbio. Non torna sulle sue decisioni, se le ritiene giuste. I suoi giudizi, spesso taglienti, gli procurano antipatie, ostilità, inimicizie. Non gli viene perdonato il carattere, il «brutto carattere», e la sua incapacità di compromissione è scambiata per schematismo e altezzosità intellettuale. Attento, difeso, forse timido, pieno di pudori, al primo approccio spesso respinge. Ha bisogno di soppesare gli altri, di studiarli a lungo prima di concedere la sua fiducia. Ma con chi gli è amico svela tutta la sua affettività e delicatezza d'animo.

Alto, magro, un po' stempiato, i baffetti, fa pensare a un attore americano degli anni trenta. È nato a Milano il 17 ottobre 1933, in via Paolo Giovio, tra corso Vercelli e piazzale Aquileia, dove c'è la chiesa del Fopponino. Il padre, avvocato, non esercita la libera professione, lavora in banca, alla Cassa di risparmio delle Province Lombarde. Una famiglia della borghesia benestante molto conservatrice, la sua. Un antenato, Filippo, fu regio procuratore e firmò un codice penale commentato; un trisavolo, Francesco, pubblicò dal 1847 al 1851 una storia d'Italia «narrata per uso dei giovanetti che fu accolta con grandissimo plauso».

Giorgio è il primogenito di tre figli, fa le scuole elementari in via Crocefisso, il ginnasio e il liceo classico al Manzoni dove, siamo nel dopoguerra, si dà da fare in un gruppo di studenti monarchici. Resterà fedele per tutta la vita a questa sua scelta e affezione anacronistica che per lui è soprattutto un segno di rispetto ai principî. Il giorno del compleanno di Umberto II manda ogni volta gli auguri al re esule e a Capodanno un telegramma. E quando, nel 1964, in occasione di un viaggio a Nizza organizzato dall'Unione monarchica conosce il re e parla con lui per qualche minuto, prova una profonda emozione.

Considera Giovanni XXIII un antipapa, un usurpatore. In nome della tradizione che per lui è ancoraggio di ogni umano agire ha invece una sorta di venerato rispetto per Pio XII. Ogni volta che va a Roma, se fa in tempo, visita la sua tomba. Il papa autoritario, il papa dell'iconografia bizantina, ma anche il papa della sua infanzia.

Ambrosoli non è così reazionario come può apparire. Conservatore, anticomunista per educazione, cultura, storia famigliare, è sostanzialmente un liberale vecchia maniera, un uomo della Destra storica. Negli ultimi anni della vita arriverà ad apprezzare i programmi e i comportamenti del Partito repubblicano.

La politica, per lui, è ancora peggio dell'arte del possibile, è solo l'arte dell'intrigo, dell'imbroglio, della sopraffazione. La politica è la maledetta politica, i partiti sono i responsabili della degradazione nazionale, nemici dell'interesse collettivo, sempre dalla parte dell'interesse particolare, anche se inverecondo, anche se contrario a ogni codice naturale, morale, penale. Uomo dello Stato proverà su di sé che cosa significa avere nemiche le istituzioni e alleati solo uomini anomali e senza potere.

La sua esperienza di Commissario liquidatore è un crudo test delle pratiche sociali e civili di un paese. La sua

CAPITOLO SECONDO

agenda è anche un collage utile alla scienza politica. Il 4 aprile 1977, per esempio, Ambrosoli ha necessità di un intervento in Parlamento. Michele Sindona, colpito da mandato di cattura, latitante, sta tentando, con le sue protezioni politiche, di comprare, anzi di ricomprare la Società Generale Immobiliare e la Condotte d'acqua. L'avvocato è molto preoccupato: «Penso a una interrogazione parlamentare ma non trovo nessuno che possa farla. Non i Dc ovviamente, non Pellicani[1] e il Pci che devono essere d'accordo, non i Pli, Psdi, Msi che non contano, non La Malfa perché sarebbe il solito attacco personale. Allegria».

Il giovane Ambrosoli ha una manifesta soggezione per il padre, unita al desiderio di dimostrargli la sua serietà e la sua bravura. Ha interesse per il diritto, respinge invece tutto ciò che riguarda la banca e assomiglia al lavoro paterno. Fin da bambino sogna di far l'avvocato, la professione che il padre non ha fatto. Strano destino, il suo. Quando accetterà l'incarico di Commissario liquidatore resterà affascinato dall'idea della banca e, ancora di piú, resterà affascinato da quella storia fosca che deve ricostruire con le sue mani come uno scrittore di libri gialli. Un congegno intellettuale di alta ingegneria delinquenziale. E, ironia della sorte, lavorerà per cinque anni in una banca, quella che era stata di Sindona, proprio di fronte alla banca dove suo padre lavorò per tutta la vita.

Si iscrive alla Facoltà di Giurisprudenza dell'Università Statale nel 1952. Per un paio d'anni la sede, bombardata e distrutta durante la seconda guerra mondiale, è ancora ospite del Collegio Reale delle fanciulle, in via Passione. Dalle aule della Facoltà di Lettere e di Legge si vede

[1] Gianni Pellicani, dirigente del Pci.

un morbido prato dove le collegiali passeggiano a due a due evocando mondi ben protetti.

Milano è una città semplice, allora. Le passioni sovrastano i lamenti, i bisogni, gli snobismi. La volontà di ricominciare è piú pressante di tanti egoismi, anche se la pace sociale è di maniera e la ricostruzione avviene favorendo selvagge migrazioni interne, senza piani organici e razionali, favorendo in periferia il proliferare delle Coree, il terreno su cui allignerà il caos e l'illegalità di domani. Sullo sfondo della guerra fredda, che divide crudamente le classi, i ceti, i gruppi sociali decisi a non rompere la continuità con lo Stato fascista.

I professori dell'Università Statale sono simili a dèi. Grandi maestri, grandi avvocati, grandi luminari, grandi sacerdoti del diritto, dell'economia, della finanza. Gli studenti li sentono lontani, come se fossero appollaiati su altissimi scranni senza guardare mai e neppure vedere chi li osserva da sotto. Hanno ben altro da fare nella vita e nella professione, di piú carnoso. Quello è solo un intermezzo dispensato per grazia.

I rapporti con gli studenti sono formali e quando i professori fanno lezione, nelle aule allora popolate da pochi allievi, il rito prevale sullo studio, lo spettacolo, anche se casto e severo, sul concetto di scuola.

C'è Aurelio Candian che assomiglia al maresciallo Rodolfo Graziani e parla in piedi per due ore intere nell'aula ad anfiteatro, grande istrione che soggioga con la sua voce reboante la piccola platea disarmata; c'è Cesare Grassetti che compare all'università con una maschera sul volto un po' sinistra, compiaciuto della sua fama di frequentatore di night-club; c'è Giacomo Delitala, minuscolo e gelido; c'è Francesco Messineo che sembra già allora un monumento e poi Gian Domenico Pisapia, Costantino Bresciani Turroni, Giovanni Pugliese, Ezio Vanoni che si fa sem-

CAPITOLO SECONDO

pre sostituire da un giovanissimo assistente rossiccio che si chiama Francesco Forte. C'è il bidello Fumagalli, una delle poche presenze umane.

Giorgio Ambrosoli si laurea nel 1958 in Diritto Costituzionale, con il professor Egidio Tosato, nella sede inaugurata da poco in via Festa del Perdono, l'antico ospedale del Filarete. In apertura alla sua tesi, sul Consiglio Superiore della Magistratura, scrive una citazione dall'Apologia di Socrate: «Il giudice non siede allo scopo di amministrare a suo piacere la giustizia, ma di decidere ciò che è giusto e ingiusto».

In quegli anni frequenta l'Unione monarchica, in via Monte di Pietà, è il delegato provinciale, anzi. Gli iscritti sono ufficiali della riserva, aristocratici, pensionati, vecchi ammiragli, persone anziane, ma anche giovanissimi, figli di famiglie titolate, per lo piú. Che cosa fanno? Si riuniscono in periodici consigli, discutono. Non sono in molti, a quei tempi, a pensare che sia giusto seppellire al Pantheon il re del fascismo e della fuga del 9 settembre 1943. C'è anche un gruppo giovanile che promuove opere di beneficenza in nome di Maria Pia e di Maria Gabriella di Savoia, raccoglie libri, quadri, vecchi oggetti e poi, chissà perché, grandi quantità di riso. Fa delle pesche benefiche, vende il riso e col ricavato aiuta anziani monarchici bisognosi e bambini poveri. Una volta all'anno organizza anche un ballo alla Società del Giardino.

È una Milano impolverata, ai margini della città pulsante. Stanno finendo gli anni '50 delle discriminazioni politiche nelle fabbriche e nella società, si cominciano ad avvertire le prime incrinature del centrismo, sta cambiando anche il costume, i bar si riempiono di juke-box, Mina strilla le sue canzoni, siamo alla vigilia del boom, le casalinghe giocano in Borsa, è l'ora degli elettrodomestici, i dipendenti della Ignis regalano al cavalier Borghi, il fondatore, un frigorifero tutto d'oro, il milionesimo.

All'Unione monarchica, nel 1958, Ambrosoli conosce la sua futura moglie, Anna Lorenza Gorla, detta Annalori. Ha 17 anni, appartiene a una famiglia della borghesia milanese. Estroversa, disponibile, simpatica. Suo padre è un industriale, proprietario di un'azienda di macchine utensili, lei frequenta una scuola sperimentale, poi il Centro francese, poi la Cambridge School.

L'occasione dell'incontro con Ambrosoli è anch'essa stravagante, se si confronta il passato con il presente. Il fratello maggiore di Annalori, allievo dell'Accademia navale di Livorno, sta per diventare ufficiale della Marina militare e deve fare il giuramento di fedeltà alla Repubblica. È iscritto anche lui all'Unione monarchica e chiede alla sorella un favore: «Ti consegno la mia tessera, ti prego di restituirla, – le dice. – Il 4 dicembre ho il giuramento e non posso piú tenerla in tasca. Ma mi farebbe piacere se al mio posto ti iscrivessi tu».

La ragazza, allegra, esuberante, non sa nulla di politica. A malapena conosce le differenze tra le forme istituzionali di uno stato, ma fa quel che le chiede il fratello, consegna la tessera, si iscrive all'Umi e in quell'occasione conosce Giorgio Ambrosoli. Ha otto anni piú di lei e proprio in quei giorni sta per scadere il suo mandato di delegato provinciale.

Poco dopo la sua missione, Annalori riceve una raccomandata: è stata nominata lei delegata provinciale dell'Umi. Si stupisce moltissimo. «Non puoi assolutamente rifiutare, – le dice severo il padre. – Dovresti sentirti onorata».

Annalori torna cosí in via Monte di Pietà, rivede Ambrosoli, conosce i suoi amici, Luigi Pagani e Gian Galeaz-

CAPITOLO SECONDO

zo Cetti Serbelloni, avvocati anche loro. La sua carriera politica dura poco.

La piccola brigata di giovani sta vivendo un momento decisivo della vita: sanno che è finita la prima giovinezza, che è arrivato il tempo di fissare i contorni opalescenti delle cose e di cominciare a lavorare. Casa Savoia non smette di essere un legame affettivo, un ricordo non tradito, ma l'esistenza è complessa ed esige altre scelte. Con naturalezza, i giovani smettono di frequentare l'Unione monarchica, si avvicinano alla Gioventú liberale, hanno in mente di creare un circolo politico-culturale e, soprattutto, di trovare ognuno la propria strada.

Giorgio e Annalori si vedono sempre piú spesso. Ambrosoli è affascinato dalla vivacità della ragazza e anche dallo spirito di libertà che sente in casa Gorla, diversa dalla sua, piú rigida e formale. «Io studiavo con le mie amiche, i miei fratelli con i loro amici. All'ora della merenda, ci si trovava tutti insieme in soggiorno, il papà e la mamma erano contenti di quel continuo via vai e Giorgio era colpito dalla mia, dalla nostra facilità di fare delle amicizie, di essere in tanti».

Si sposano nella chiesa di San Babila nel 1962 e mettono su casa vicino alla Bocconi. Ambrosoli ha fatto l'esame di procuratore legale, lavora nello studio civilista dell'avvocato Cetti Serbelloni, in via Leopardi, ed è proprio in una di quelle stanze che i giovani monarchici resi piú realistici dai fatti della vita, scrivono con altri giovani di estrazione liberale l'atto costitutivo del Circolo della critica.

Milano è effervescente, negli anni '60. La Tv non ha la forza totale che avrà 15-20 anni dopo, la gente esce di casa, discute volentieri. Si capisce nitidamente che è terminato un periodo e che ne sta cominciando un altro. Il neocapitalismo, la scoperta della scienza, l'intelligenza dell'organizzazione industriale, la programmazione, il Terzo mondo, la distensione internazionale sono tra i problemi piú affrontati nei grandi convegni economici e politici e negli affollati dibattiti promossi dai circoli e dalle riviste.

«Il Giorno», il nuovo quotidiano democratico di proprietà dell'Eni, uscito nel 1956, è un segno dei tempi nuovi, ha rotto la tradizione. Si formerà proprio al «Giorno» gran parte del giornalismo italiano dei decenni successivi.

La Casa della cultura è un po' appannata – il Pci è in difficoltà, paralizzato di fronte alle scelte del centro-sinistra – ma la presenza di uomini di nome e di qualità, comunisti e non comunisti, come Cesare Musatti, Lelio Basso, Riccardo Bauer, Piero Caleffi, Paolo Grassi, Ernesto Treccani rende vivo il dibattito.

È il Circolo Turati, in via Brera, il polo di maggiore attrazione, il laboratorio politico del centro-sinistra. Lo frequentano persone di prestigio che avranno ruoli importanti, Franco Momigliano, Roberto Guiducci, Eugenio Scalfari, Aldo e Piero Bassetti, Vittorio Olcese. Con loro, politici, imprenditori, giornalisti che appartengono alla borghesia illuminata e colta e accreditano una politica diversa da quella dell'immobilismo centrista. Sono per un'economia guidata da nuove regole, per un giornalismo di tipo anglosassone, per una società da riformare con l'apertura al partito socialista, con un patto ideale e politico tra socialisti e cattolici.

È un periodo di attese, di tensioni morali e civili. Il tema piú dibattuto è il miracolo italiano. Lucio Mastronardi racconta i calzolai di Vigevano, Giovanni Testori va alla ricerca dei segreti di Milano, Ottiero Ottieri e Paolo Volponi svelano il mito della fabbrica, i letterati, da Elio Vittorini a Vittorio Sereni, riscoprono il rapporto tra letteratura e industria, Luciano Bianciardi sta scrivendo *La vita agra* e pensa di far saltare in aria il «torracchione» di ve-

CAPITOLO SECONDO

tro, alluminio, cemento, pietra lustrata che è il simbolo del neocapitalismo, Giangiacomo Feltrinelli, dopo *Il dottor Zivago* e *Il Gattopardo*, pubblica romanzi, ma anche libri di filosofia della scienza, saggi di economia e scienze sociali, testi sul pensiero socialista, la biblioteca di psichiatria e di psicologia clinica e una grande *Universale economica*.

La città è ricca di energie intellettuali: Salvatore Quasimodo, Premio Nobel 1959, abita in corso Garibaldi; Giulio Natta, Premio Nobel 1963, abita in via Mario Pagano; Eugenio Montale, Premio Nobel 1975, abita in via Bigli. A Milano vivono allora, disponibili e curiosi, tanti che hanno lasciato traccia nella letteratura, nelle scienze, nella storia della cultura, della religione, delle arti, dell'economia e della finanza, Riccardo Bacchelli, Raffaele Mattioli, Sergio Solmi, Enzo Paci, Cesare Musatti, Antonello Gerbi, Giuseppe Lazzati, Filippo Sacchi, Aldo Carpi, Carlo Carrà, Mario Apollonio, Mario Dal Pra, Gio Ponti, Giovanni Battista Montini.

Giorgio Balzaretti, Federico Milesi, Guido Puricelli, Roberto Tomasi, Gian Galeazzo Cetti Serbelloni, Giorgio Ambrosoli e altri giovani fondano dunque il Circolo della critica ed è allora che Ambrosoli incontra il grande amico, Balzaretti, laureato alla Bocconi, futuro proprietario di un'impresa di trasporti, che sarà al suo fianco fino alla morte.

È un gruppo composito, quello del Circolo della critica. Alcuni vengono dall'esperienza dell'Umi, altri frequentano la Gioventú liberale, alcuni non sono iscritti al Pli, altri, come Balzaretti, lo sono, in manifesto disaccordo con Giovanni Malagodi, segretario del partito dal 1954 e deputato di Milano. Non hanno né vogliono avere agilità politica, capacità di tessere rapporti, abilità, furbizia.

Non credono nell'idea e nella forma di un partito. Alcuni si rifanno alle idee del liberalismo tradizionale, altri alle idee dei liberali di sinistra e si ispirano al «Mondo», il settimanale di Mario Pannunzio, critico nei confronti del segretario del partito, accusato sistematicamente nei «Taccuini» del giornale di avere affittato il Pli alla Confindustria. Ma il loro è soprattutto un riferimento di tipo ideale.

«Il Mondo» sostiene il centro-sinistra, è duramente critico nei confronti della Chiesa preconciliare, combatte con tigna, e perde, sempre, le stesse battaglie: la scuola, i monopoli, la libertà di stampa, l'urbanistica e l'Europa. Costantemente all'opposizione di un sistema politico che già allora rischia di involversi in un regime.

Il settimanale di Pannunzio ha compiuto il miracolo di far scuola anche a quei ragazzi un po' acerbi, ma pieni di passione e di volontà di fare? Quel giornale diventato mitologico riesce ad apparire e a essere una guida omogenea nonostante le differenze profonde che esistono tra i suoi collaboratori?

Tra Ernesto Rossi, Panfilo Gentile e Augusto Guerriero; tra i democratici e i conservatori; tra il Croce, Salvemini e Luigi Einaudi, tra gli scrittori politici della cultura borghese capaci di uscire dagli schemi tradizionali, anche per la tutela dei loro interessi, e gli anticomunisti quasi viscerali, solo un po' mascherati dallo stile e dal gusto; tra chi mette in discussione il ruolo internazionale dell'Italia e gli oltranzisti atlantici; tra chi difende la natura e le città dalla speculazione e chi è legato a interessi politici che finiranno col portare alla distruzione mezza Italia; tra chi vuole che la Costituzione non resti un'incompiuta e chi ritiene che per tutelare la democrazia occidentale minacciata dal comunismo non ci si debba arrestare di fronte a qualche violazione, la legge maggioritaria, la «legge truffa» del 1953 sostenuta dal giornale.

CAPITOLO SECONDO

Ambrosoli e i suoi amici probabilmente non soffrono la contraddizione, affascinati come sono dal moralismo critico del «Mondo». S'incontrano sempre piú spesso, è un lieto periodo della vita. Nella sede di via Nerino 8 organizzano dibattiti, conferenze, incontri. Al di là della politica contingente vogliono ascoltare tutte le voci, quelle laiche e quelle cattoliche, possedere gli strumenti del giudizio critico, appunto. Ospitano cosí Mario Gozzini, Geno Pampaloni, Riccardo Bacchelli, Augusto Del Noce.

L'idiosincrasia nei confronti dei partiti e del sistema dei partiti non si è quietata. Qualcuno ha letto il Croce: i partiti liberali non sono che uno degli strumenti attraverso i quali la libertà si realizza nella storia.

La loro storia si trasforma in storia famigliare. Nel giro degli amici sono entrate le mogli. Finiscono col vedersi tutte le sere e il Circolo della critica diventa un'appendice delle loro case. Il gruppo si fa sempre piú compatto, la politica, poco alla volta, sempre piú distante. Fin quando sarà solo disturbante e poi addirittura nemica.

L'entusiasmo dell'idea nascente dopo qualche anno si spegne. Il lavoro quotidiano preme. Giorgio Ambrosoli comincia a farsi conoscere nella professione di avvocato. Ha passato i trent'anni, il suo carattere non si è ammorbidito, ha mantenuto intatti i segni della prima giovinezza che saranno la sua impronta fino al termine della vita. È un uomo complesso, apparentemente sbrigativo e insieme tollerante e attento agli altri. Nel giudizio di chi lo conosce nel profondo è soltanto un uomo buono e retto.

Nel 1964, Ambrosoli ha un'occasione che in un certo senso condizionerà la sua vita e anche la sua morte, attirandolo a specializzarsi professionalmente nel diritto societario e fallimentare.

La Sfi, Società Finanziaria Italiana, è in grave difficoltà.

Il 28 gennaio 1964, il ministro del Tesoro Emilio Colombo ordina, su proposta del governatore della Banca d'Italia Guido Carli, lo scioglimento degli organi amministrativi della società. Una società atipica: non è una banca, ma viene messa in liquidazione come se fosse una banca, anche perché ha operato – senza autorizzazione, contro la legge – come una vera e propria banca raccogliendo il credito, manovrando i depositi.

Nata come società finanziaria degli industriali tessili biellesi, si è poi smisuratamente ingrandita anche in altri settori e il boom della Borsa ha moltiplicato appetiti, velleità, megalomanie. Non è una società quotata in Borsa, è però proprietaria della Baroni, una società fondata nel 1917 per produrre pasta alimentare, e dell'Italgas, entrambe quotate. La Sfi controlla anche un centinaio di società immobiliari, industriali e finanziarie, possiede piantagioni di caffè in Costarica, è stata proprietaria dell'Agenzia giornalistica Italia ceduta poi a prezzo di favore a una corrente della Democrazia cristiana. Il denaro è stato raccolto soprattutto nelle province di Pavia e di Vercelli, tra migliaia di piccoli risparmiatori allettati da interessi piú alti di quelli normalmente concessi dalle banche.

Le speculazioni di Borsa, i crediti senza garanzie, i finanziamenti, piú di 30 miliardi, fatti a società che operavano nella scia del boom quando il boom stava per sgonfiarsi, i fallimenti di molte società controllate rendono profonda la crisi.

È tardi, ormai, per portare riparo, anche perché le lotte intestine tra persone e gruppi dentro la banca fantasma creano nuovi insanabili conflitti.

Presidente della Sfi è il conte Vittorio Cartotti, vicepresidente della Baroni, amministratore del Piemonte Finanziario, consigliere dell'Italiana Colonizzazione e dell'Italgas. Amministratore delegato è il ragionier Carlo Baldini,

CAPITOLO SECONDO

consigliere della Toro Assicurazioni e dell'Italgas. Nel consiglio di amministrazione siedono uomini legati alla Democrazia cristiana, il figlio dell'onorevole Marazza, il figlio dell'onorevole Spataro e Antonio Lefebvre. Il protettore politico è l'onorevole Giuseppe Pella, amico dei lanieri di Biella che tenta un salvataggio della società cercando di ottenere un finanziamento da un consorzio di banche svizzere e spagnole. Ma rinuncia perché la situazione è ormai troppo compromessa.

«l'Unità» attacca duramente, con molto rilievo, la decisione del ministro Colombo: «La Sfi sull'orlo del crack: chi sborserà i miliardi?»; «Colombo sbaglia legge per salvare i grossi azionisti della Sfi»: risparmiatori in allarme, troppi impegni di carattere speculativo; la legge bancaria non poteva essere applicata a una comune società per azioni; gravi interrogativi sull'intervento del ministro; le amicizie dell'onorevole Pella[2].

Il 17 febbraio, il ministro del Tesoro firma un nuovo provvedimento: la Sfi viene messa in liquidazione coatta amministrativa, la Banca d'Italia nomina i commissari liquidatori, «l'Unità» grida vittoria: «La Sfi messa in liquidazione coatta»: marcia indietro del ministro Colombo; il provvedimento preso in seguito alle nostre denunce e al malcontento dei risparmiatori[3].

I commissari sono un professore universitario, Tancredi Bianchi, il ragionier Ferdinando Tesi e Vincenzo Storoni, vicepresidente dell'Iri. Persone molto impegnate come sono chiedono subito un collaboratore che sia anche in grado di fare da consulente giuridico. Un avvocato segnala al ragionier Tesi Giorgio Ambrosoli. Un professionista affermato non accetterebbe mai quell'incarico oneroso e a tempo quasi pieno. La funzione iniziale di Am-

[2] «l'Unità», 4 e 15 febbraio 1964.
[3] Ivi, 18 febbraio 1964.

brosoli è quella di segretario dei commissari, ma quasi subito diventa lui il vero cervello della liquidazione.

Capace, corretto, non si risparmia. Fatica, all'inizio, a districarsi tra i numeri, i conti, i titoli, la Borsa. Appena arriva a casa si mette a studiare la matematica, la teoria monetaria, la politica economica, la tecnica e la legislazione bancaria.

E comincia a rendersi conto di come le questioni capitali vengano discusse lontano da dove dovrebbero e di quanto i luoghi istituzionali siano spesso simili alle vuote facciate della finzione teatrale.

La Sfi è un gran garbuglio, i responsabili sono scappati, il ragionier Baldini viene arrestato il 24 aprile 1964 mentre sta andando ad ascoltare la prima messa, il direttore dell'Ufficio Borsa, Natale Fiocchi, un ex fattorino che ha fatto carriera, viene invece arrestato il 6 novembre 1964 e la cronaca del «Corriere della sera» potrebbe essere il grezzo manufatto di un racconto di Gadda: «Il mandato di cattura, che è stato eseguito dai brigadieri Capitano, Sagona e Calisi del nucleo di polizia giudiziaria del Palazzo di Giustizia, era stato emesso nel maggio scorso (...) quando le prime indagini sul clamoroso dissesto avevano permesso di accertare le responsabilità del Baldini, del Fiocchi e del Necchi, questo ultimo dirigente del settore amministrativo della società. Le ricerche del Fiocchi per alcuni mesi risultarono infruttuose e soltanto qualche giorno fa i carabinieri venivano informati che l'ex dirigente della Sfi si era rifugiato in una villetta nella campagna di Zenevredo.

«Ieri mattina i tre sottufficiali dei carabinieri, caricata un'automobile di pacchi di carta-carbone e di fogli per macchina da scrivere, raggiungevano il paese, spacciandosi per rappresentanti di una ditta di cancelleria. Il segretario comunale, interpellato, declinava l'offerta di ac-

CAPITOLO SECONDO

quisti per la civica amministrazione e allora il terzetto chiedeva ad alcuni contadini di indicar loro la casa dell'ex sindaco. È stato cosí possibile raggiungere il Fiocchi che in quel momento stava zappando l'orto. Egli, dopo il dissesto della Sfi, era ritornato al paese. Appena i carabinieri gli hanno mostrato il mandato di cattura, Natale Fiocchi ha salutato la moglie e si è lasciato accompagnare a Milano dove è stato rinchiuso a San Vittore»[4].

Per Ambrosoli sono anni di ricerca, di studio, di lavoro, tra gli uffici della Sfi, in piazza Pio XI, di fronte all'Ambrosiana, e lo studio che ha aperto con un compagno d'università, Franco Marcellino, in corso Magenta, davanti al Collegio San Carlo, a pochi passi da Santa Maria delle Grazie, dalla Scuola elementare di via Ruffini e dalla pasticceria Biffi, tutta legni e specchi, dove le vecchie signore s'incontrano per l'aperitivo di mezzogiorno.

Sulla porta dello studio è rimasta la targhetta col nome dell'avvocato Giorgio Ambrosoli. L'assassino della 127 rossa deve essere passato proprio lí davanti, la notte dell'11 luglio 1979, dopo il delitto.

Sono anni di contorta politica. Il centro-sinistra si è stemperato in una formula, la passione riformista degli albori è quasi sepolta: «Anche se la ragione ufficiale del congelamento delle riforme veniva additato nella crisi economica, non ci si può in effetti sottrarre all'impressione che il vero ostacolo fossero certi grandi potentati economici – l'industria dell'edilizia, i baroni della finanza dei vecchi gruppi elettrici, la lobby agraria di Bonomi – e che Moro fosse particolarmente sensibile alle loro pressioni»[5].

[4] «Corriere della sera», 7 novembre 1964.
[5] Paul Ginsborg, *Storia d'Italia dal dopoguerra a oggi. Società e politica 1943-1988*, Einaudi, Torino 1989.

Nel 1964 c'è un tentativo di colpo di Stato militare. Il piano «Solo» del comandante dell'arma dei carabinieri, generale Giovanni De Lorenzo e di ambienti politici conservatori e reazionari che si oppongono alla politica riformatrice del Partito socialista è un piano eversivo, non un piano difensivo. Lo si saprà nel maggio 1967 da una vigorosa campagna di stampa dell'«Espresso» diretto da Eugenio Scalfari. Nel 1969 verrà costituita una commissione parlamentare d'inchiesta che nonostante i numerosi *omissis* posti dal governo per mascherare, con il segreto di Stato, i fatti accaduti cominciò a rivelare alcune verità [6].

Sono gli anni inquieti che preludono al '68. Già un anno prima la protesta si diffonde nelle università. La contestazione non nasce soltanto dalla crisi universitaria, dalla consapevolezza di un avvenire incerto per migliaia di laureati dequalificati e senza prospettive di lavoro: ha le sue radici fuori della scuola, nel rifiuto dell'autoritarismo, nel giudizio negativo, politico e morale, nei confronti di una immutabile classe dirigente, nel rigetto dei compromessi di potere e di vertice, nella ribellione, nata dalla delusione, per la mancata scelta rivoluzionaria del partito comunista, nel rifiuto del modello di sviluppo di una società disuguale e piena di contraddizioni sociali che ha creduto nel benessere, nel consumismo come unica soluzione dei problemi – la riforma dell'amministrazione dello Stato, la riforma urbanistica, la programmazione – lasciati invece marcire. La società che ha mitizzato il boom è già alla vigilia di una crisi profonda.

---

[6] Anche la relazione di maggioranza della Commissione parlamentare d'inchiesta vede nel piano «Solo» le premesse di un processo che poteva portare a «modificazioni dell'ordine costituzionale». La documentazione resa pubblica in Parlamento nel gennaio 1991 ha dimostrato la fondatezza delle tesi del tentato colpo di Stato.

CAPITOLO SECONDO

La Milano di Ambrosoli non è la Milano del '68 e della protesta, è un'altra Milano, che non prende parte, che crede profondamente nell'ordine costituito e nella propria funzione civile e respinge come immotivata e gratuita la rivolta di una generazione.

Non è neppure la Milano della «maggioranza silenziosa» di qualche anno dopo, con rigurgiti reazionari e fascisti: è la Milano moderata che ha fede nel lavoro ben fatto, nei principî tradizionali, nella normalità, e rifiuta ogni idea di sommovimento e ogni ombra di possibile violenza. Una Milano priva di inquietudini esistenziali e culturali, che trova forza soprattutto in se stessa, che accetta il mondo com'è e inorridisce a sentir definire lo Stato come un'organizzazione che possiede il monopolio della violenza legittima in un territorio.

Gli amici di Ambrosoli sono gli stessi di sempre, quelli del Circolo della critica, chiuso nel 1970 per naturale consunzione, e qualcuno nuovo, l'avvocato Luigi Pollini, il professor Vittorio Coda, conosciuto alla Sfi. La vita di Giorgio e di Annalori non è molto diversa dalla vita dei padri, il loro ambiente sociale ha mantenuto inalterati i medesimi caratteri.

«Cognati dei Perego, soci dei Bernasconi, cugini dei Maldifassi, inquilini dei Biraghi, nipoti dei Lattuada vecchi, fidanzati con le Lattuada giovani di via Caminadella: pronipoti dei Corbetta, quelli di via Quadronno, però, intendiamoci bene: legati in seconde nozze coi Rusconi, in seconda cognazione coi Ghiringhelli, e in terza con una casata di cui sul momento mi sfugge il patronimico, non meno rispettabile de' suelencati, facile è il pensare che cosa significhi per un Caviggioni il gomitolo degli zii e delle zie, dei consuoceri e dei consobrini, dei figliocci e delle madrine, dei nipoti Pieri e Carli e delle Carlotte cognate, dei cugini secondi e terzi delle cugine quarte e quinte»[7].

Quella degli Ambrosoli è la vita quieta di una famiglia della media borghesia milanese di allora, ancora sobria, allergica alle esibizioni, benestante ma non ricca, senza eccessi, poco spendacciona. Non ha i legami e i rituali della Milano gaddiana, appartiene piuttosto a una borghesia umbratile e distaccata. Con gli stessi gusti, la stessa visione del mondo, le stesse abitudini dei primi decenni del '900. I nonni Ambrosoli possiedono una casa sul Lago Maggiore, a Ronco di Ghiffa, dove Giorgio Ambrosoli è sepolto. L'avvocato è profondamente legato alla casa, al lago, alle memorie infantili degli anni della guerra e dello sfollamento.

Il giardino di Ronco è un sogno che negli anni dell'angoscia e della tragedia torna ossessivamente nelle sue notti.

La casa del lago non è sufficientemente ampia per ospitare tutta la famiglia, i genitori, le sorelle non sposate, uno zio scapolo. Dopo sei anni sono infatti nati, l'uno dopo l'altro, tre figli, Francesca nel 1968, Filippo nel 1969, Umberto nel 1971: Annalori e Giorgio sognavano una famiglia numerosa e sono felici. Prendono una casa in affitto a Meina, sempre sul lago Maggiore. Ambrosoli desidera che i suoi figli vivano le sue stesse esperienze. Poi, nel luglio 1974, poco prima di accettare l'incarico di commissario liquidatore della banca di Sindona, comprerà in una frazione di Bormio, a Santa Lucia Valdisotto, in Valtellina, un piccolo appartamento in un condominio.

In che modo avrà sentito parlare, l'avvocato Ambrosoli, alla fine degli anni '60, di Michele Sindona? Avrà saputo della sua diabolica abilità, delle sue mirabolanti av-

---

[7] Carlo Emilio Gadda, *L'Adalgisa*, *Disegni milanesi*, Einaudi, Torino 1963.

CAPITOLO SECONDO

venture, del suo fascino misterioso? L'avrà visto? Che cosa avrà pensato di quell'avvocato diventato cosí famoso con le sue scalate nella piccola, media, alta finanza?

Il primo novembre 1967, Fred J. Douglas, capo dell'International Criminal Police Organization di Washington, scrive alla Criminalpol di Roma: «I seguenti individui sono implicati nell'illecito traffico di sedativi, stimolanti e allucinogeni tra l'Italia e gli Stati Uniti e fra altre regioni d'Europa:

- Daniel Anthony Porco, nato a Pittsburgh (Usa) il 7 novembre 1922, professione contabile. Pare abbia grosse somme in Italia, presumibilmente ricavate da attività illecite negli Stati Uniti;
- Michele Sindona, nato a Patti, Messina, l'8 maggio 1920, professione procuratore, residente a Milano in via Turati;
- Ernest Gengarella, che pare abbia interesse nel motel Sands di Las Vegas;
- Vio Rolf, nato a Milano, su cui per il momento non abbiamo altri dati».

La lettera viene trasmessa alla polizia di Milano, il questore Giuseppe Parlato risponde tre mesi dopo con una lettera burocratica: «Con riferimento alla vostra nota, è risultato quanto segue:

1) Il cittadino Daniel Porco risulta avere alloggiato varie volte presso il Palace Hotel di piazza della Repubblica, nel 1967, dal 12 al 16 ottobre;
2) da accertamenti svolti è risultato che il Porco intrattiene a Milano stretti rapporti di amicizia e di affari con l'avvocato Michele Sindona. I loro rapporti di affari risalgono al 1964, da quando entrambi erano consiglieri delle Fonderie e Acciaierie milanesi Spa divenuta poi Acciaierie Crucible Vanzetti, do-

ve, come presidenti, si sono succeduti i seguenti cittadini stranieri: Joel Hunter, americano; Reinhold Schemp, tedesco; Eugene Airey March, americano; Alaectib Aksoy, turco; Eugene Cok, americano. Alcuni di questi hanno soggiornato a Milano presso l'Hotel Principe e Savoia e l'Hotel de la Ville. Il Sindona, a Milano, è capo di un'organizzazione di uffici tecnico-legali e è coadiuvato da un'équipe di avvocati, commercialisti, procuratori legali e periti tecnici. Gli uffici sono frequentati da clienti e operatori economici, in particolar modo da cittadini americani. L'avvocato Sindona avrebbe studio tecnico-legale a Roma, in via Veneto n. 94/B;

3) L'ing. Vio Rolf, in atto, non esplica alcuna attività e sembra che sia in attesa di essere assunto quale dirigente presso l'Alfa Romeo. Per quanto riguarda il Gengarella, non risultano tracce di soggiorno a Milano. Allo stato degli accertamenti da noi svolti, non sono emersi elementi per poter affermare che le persone di cui innanzi e soprattutto il Porco e il Sindona, siano implicati nel traffico di stupefacenti tra l'Italia e gli Usa»[8].

Commenta la relazione conclusiva della Commissione parlamentare d'inchiesta sul caso Sindona: «La lettera purtroppo non fu seguita (e certamente nemmeno preceduta) da nessuna seria indagine circa gli illeciti traffici attribuiti a Sindona e a Porco; ma è certo tuttavia che neppure successivamente sono emersi dati probanti che abbiano visto implicato Michele Sindona nel traffico di stupefacenti, sia pure nella forma del riciclaggio, attraverso

---

[8] Commissione parlamentare d'inchiesta sul caso Sindona e sulle responsabilità politiche e amministrative a essa eventualmente connesse, VIII legislatura, Doc. XXIII, n. 2 – sexies, 24 marzo 1982. Relazione conclusiva Giuseppe Azzaro, deputato democristiano, p. 163. D'ora in avanti, Commissione Sindona.

le sue banche, del denaro da esso ricavato. È un dato di fatto, però, che i rapporti tra Sindona e Porco (noto alla polizia federale nei termini accennati), se erano già molto stretti al tempo della lettera del 1967, divennero in seguito sempre piú intensi e vorticosi. Si può dire anzi che Sindona sia entrato nel mondo finanziario attraverso le mille occasioni fornitegli da Porco e che costui, d'altra parte, dopo avere anche lui creato una propria società quotata in Borsa (la Amdanpco), si trasformò negli ultimi anni (...) nel punto di forza dell'impero finanziario che Sindona era riuscito a costituirsi negli Stati Uniti d'America. Né è senza significato che a tanta distanza dal 1967 il giudice di Palermo abbia incriminato Sindona di essersi associato con altre persone, molte sicuramente appartenenti alla mafia, in Palermo e altrove fino al maggio 1980, al fine di commettere piú delitti di indole mafiosa tra cui traffico e contrabbando di valuta proveniente da attività illecita»[9].

Chissà se una maggiore attenzione, intelligenza, responsabilità, competenza usate allora sarebbero riuscite a salvare, con altre vite, anche la vita dell'avvocato Giorgio Ambrosoli e a impedire che l'allora embrionale sistema dei poteri criminali riuscisse a saldarsi, una decina di anni dopo, con settori del sistema politico e a condizionarli e a ispirarli provocando lutti e tragedie?

[9] Commissione Sindona. Relazione conclusiva Azzaro cit., p. 164.

Capitolo terzo

Il lavoro, alla Società Finanziaria Italiana dura anni. Un lungo tempo di esperienze, per Ambrosoli, che quando viene chiamato alla Sfi ha poco piú di trent'anni e quando se ne va ha passato i quaranta. Del resto, la liquidazione coatta amministrativa ordinata e avviata nel 1964 è ancora in corso nel 1990. I tremila clienti sono stati rimborsati in modo decrescente: a chi possedeva un milione è stato pagato l'80 per cento, a chi ne aveva due, il 60 per cento; a chi ne aveva cinque il 31 per cento. Negli anni '90 si porterà a termine, al 12 per cento, la liquidazione per i possessori delle somme piú consistenti.

Il crack, che fu di 70 miliardi, sembra esiguo, se valutato con le misure e con i parametri del presente, ma facendo un'approssimativa moltiplicazione e considerando gli anni passati, il potere d'acquisto della moneta e l'inflazione degli anni '70-'80, si raggiunge nel 1989 una cifra superiore ai 730 miliardi e si capisce la paura, l'affanno dei risparmiatori di allora e l'allarme sociale che il caso della Sfi provocò nell'opinione pubblica.

Pino Gusmaroli conosce Giorgio Ambrosoli quando la Società Finanziaria Italiana entra in liquidazione. Capufficio della Sfi, esperto di Borsa, settore nel quale ha sempre lavorato, quando incontra il giovane avvocato intuisce subito che è un professionista capace, una persona seria, con un profondo senso della giustizia: un uomo di principî, rigido, preoccupato che vengano rispettate le regole,

CAPITOLO TERZO

che non si commettano abusi, che non si favoriscano certi clienti a scapito di altri.

È una scuola, la Sfi, dove Ambrosoli impara a diffidare, dove si rende conto di come è ardua, spesso impossibile la ricerca della verità. La Società Finanziaria Italiana è un microcosmo che gli sarà utile, ai tempi della banca di Sindona, non solo per le conoscenze tecniche, giuridiche, finanziarie accumulate, ma anche per la lezione imparata sugli uomini e sulle cose, il potere, il guadagno, il successo, la spregiudicatezza, gli affari e la morale. Una timida iniziazione, con personaggi casalinghi, al confronto, se si pensa a quel che dovrà venire a conoscere dopo sugli strati delinquenti sociali e politici, mascherati spesso dalla ragion di stato, di partito, di gruppo, sulle connessioni interne e internazionali, sui rapporti tra politica e criminalità, con un avversario come Sindona, in esasperata e continua contrattazione col potere, in un conteggio infinito di dare e di avere, di benefici e di scambi. Un compito intellettuale difficile per uno come Ambrosoli che rifiuta d'istinto le ambiguità, le zone grigie, le compromissioni, le estenuate mediazioni e si trova invece prigioniero di un imbroglio marchiato in prevalenza da quelle logiche.

È cambiata violentemente, Milano, dai tempi delle discussioni al Circolo Turati e al Circolo della critica. I fervori degli anni '60, l'avvio e il tramonto del centro-sinistra sembrano all'improvviso lontani. La frattura col passato, dopo la contestazione studentesca e l'autunno caldo operaio, avviene il 12 dicembre 1969 con la strage di piazza Fontana.

Milano sembra il corpo di un animale minacciato, con tutti i sensi in subbuglio. La paura si mescola alla voglia di agire, il dramma alla speranza. Ovunque nascono e si moltiplicano gruppi di persone, comitati di giornalisti, avvocati, magistrati, professori che forse per la prima volta nella vita si schierano, si ribellano, rifiutano.

Al Circolo Turati, dove fino a qualche anno prima si dibattevano i temi di una moderna classe dirigente e dell'ordinato sviluppo di un paese, si firmano ora appelli, petizioni e proteste in difesa della Repubblica democratica, si stampano bollettini e ciclostilati, si discute delle libertà costituzionali e civili. I questurini sono esterrefatti perché molti di coloro che contestano fanno parte del sistema, godono di immunità, di privilegi, scrivono sui grandi giornali, appartengono ai ceti borghesi. Questori e questurini confondono i principî dell'89, il rispetto della Costituzione con il tradimento di classe. Manca un Marcel Proust nostrano capace di rappresentare la città lacerata, divisa in due fazioni, piena di odî, contraddittoria, intollerante e coraggiosa come la Parigi del caso Dreyfus.

Ogni sera si organizzano dibattiti, proteste, manifestazioni, cortei. L'argomento è ossessivamente uguale, l'innocenza di Pietro Valpreda, la morte di Pino Pinelli.

Probabilmente non si sono mai viste o conosciute, Annalori Ambrosoli e Licia Pinelli, la moglie dell'avvocato moderato ucciso dal killer della 127 rossa e la moglie dell'anarchico morto in un ufficio della questura durante un interrogatorio di polizia. Forti e coraggiose entrambe, piene di dignità e di fierezza, contano poco le differenze di classe sociale e di opinioni politiche. Sono soltanto le vittime di un potere degenerato, di uno Stato democratico e liberale che ha tradito la propria funzione.

Gli Ambrosoli, dal 1970, abitano in via San Vittore, in una casa piú grande. Giorgio dedica quasi tutto il suo tempo alla Sfi, lavora in un piccolo gruppo, con l'avvocato Luigi Pollini, con Elio Cerini, con il professor Vit-

CAPITOLO TERZO

torio Coda che da Ca' Foscari, a Venezia, è venuto a insegnare alla Bocconi.

Milano vive come in un tempo sospeso, nell'attesa di qualcosa che deve accadere. I giovani della sinistra extraparlamentare temono, o forse desiderano, a ogni alba il colpo di Stato.

I tentativi oscuri di militari collegati con i servizi segreti, con gli apparati previsti dai codicilli della Nato e con gruppi industriali e neofascisti ripropongono lo studio del fascismo, le sue memorie, le sue fonti.

Il fascismo è di nuovo contemporaneo. Dal giugno 1972, Andreotti presiede un governo di centro-destra sorretto dal Msi. La tensione sociale e politica è acuta: l'11 marzo 1972, la guerriglia condotta da gruppi di Potere operaio e di Lotta Continua sconvolge per ore il centro di Milano; il 16 marzo viene trovato sotto un traliccio a Segrate il cadavere dell'editore Giangiacomo Feltrinelli, dilaniato da una carica di esplosivo; il 17 maggio è assassinato il commissario di polizia Luigi Calabresi che la sinistra extraparlamentare accusa di essere il responsabile della morte di Pinelli; il 16 giugno la polizia, con un'operazione militare, assalta l'università statale occupata di via Festa del Perdono, rastrella gli studenti, li picchia coi calci dei fucili e con le manette di acciaio.

Piazza San Babila è in mano a gruppi fascisti, gli scontri sono quotidiani e cruenti. Il 23 gennaio 1973, la polizia uccide vicino all'Università Bocconi lo studente Roberto Franceschi; il 17 maggio un finto anarchico getta una bomba davanti alla questura al termine di una cerimonia in commemorazione del commissario Calabresi. Una strage, quattro morti, decine di feriti, un clima da guerra civile.

I conflitti sono quotidiani, gli slogan dei cortei della sinistra extraparlamentare truculenti: «Uccidere un fascista non è un reato | ma la giustizia del proletariato»; «Armi armi armi agli operai»; «Le sedi fasciste si chiudono col fuoco | con dentro i fascisti altrimenti è troppo poco»; «Con il sangue delle camicie nere | faremo piú rosse le nostre bandiere»; «La Resistenza ce l'ha insegnato | ogni fascista preso va massacrato»; «Falce e martello | borghese al macello»; «Camerata basco nero | il tuo posto è al cimitero».

C'è intolleranza e violenza gratuita, gusto funerario della morte e del sangue, eccesso di gesti monotonamente uguali che rimbalzano come calchi da un continente all'altro, c'è anche fervore, partecipazione generosa nell'utopica società degli anni '70. C'è l'illusione che l'unirsi delle passioni individuali possa portare a mutamenti collettivi. Si manifesta nei piccoli gruppi anomali, oltre che nei movimenti e nei partiti che hanno recuperato parte dei consensi perduti dopo il '68. Non c'è, in genere, indifferenza o assenza. Insicurezza, incertezza, invece, ingenuità e voglia di conoscere, di aprirsi, di manifestarsi, di esprimere le proprie ragioni, le proprie appartenenze. L'esempio viene dai giovani, imitato spesso dai genitori di idee di sinistra, ma capace di coinvolgere persone di ogni convincimento, persino gli scettici, i disabituati, i nonsipuotisti, la borghesia timorosa di novità del centro storico e anche qualche discendente delle famiglie aristocratiche del Cappuccio.

I Decreti delegati della scuola rappresentano una grande occasione per uscire dai ghetti dei pianerottoli. Piú che a praticare la democrazia diretta servono a rompere antichi steccati, ad aprire le barriere dei caseggiati e dei condomini, a creare nuovi rapporti. E a dare i rudimenti elementari della vita democratica a persone che nulla sanno delle sue regole. Gli Ambrosoli partecipano, soprattutto

CAPITOLO TERZO

Annalori. Una sera, a cena sui Navigli, conoscono Francesco Rosica. Un'altra volta conoscono i testimoni dell'ultima notte. I figli frequentano la scuola di via Ruffini, i padri e le madri si vedono durante le assemblee, si rivedono nei soggiorni delle loro case o in trattoria. Diventano amici. Per Ambrosoli discutere della nuova scuola è un uscire dal lavoro quotidiano, quasi una distrazione.

La partecipazione dei genitori e degli studenti al governo degli istituti scolastici è piú consultiva che deliberativa, ma i Decreti delegati appaiono ugualmente come l'abbandono dello schema autoritario, un tentativo di rinnovare le strutture scolastiche, di far partecipare le famiglie alle scelte, di rendere piú aperti i rapporti tra scuola e società, di creare un equilibrio tra il potere dell'assemblea, la rappresentanza, la delega.

La legge stabilisce come devono essere formati gli organi collegiali della scuola, i consigli di interclasse, i consigli di classe, i consigli di circolo o di istituto che smorzano i tradizionali principî di autorità dei presidi e dei direttori didattici, possono intervenire sui regolamenti, sulle attività parascolastiche, sull'assistenza, sui finanziamenti.

Anche questi piccoli parlamenti sono speculari a quelli grandi, ininfluenti o quasi rispetto al potere esecutivo della scuola. I partiti e i movimenti si fanno sentire, il pluralismo delle idee fatica spesso a manifestarsi proprio perché la politica si pietrifica subito in schemi obbligati. Mancano associazioni che rappresentino le diverse tendenze politico-pedagogiche in grado di far da filtro e quindi la partecipazione iniziale finisce col ridursi al fuoco di paglia del volontariato appassionato.

I comunisti sono i piú esperti, gli extraparlamentari, che negano ogni valore democratico ai Decreti delegati, partecipano attivissimi alle assemblee. La maggioranza sono per lo piú persone ignare, piene solo di curiosità e di voglia di capire.

Umberto, detto Betò, va all'asilo, Francesca e Filippo alle scuole elementari. Annalori si impegna molto, la sera ospita altri genitori e allora Giorgio è costretto a lavorare in cucina. Ogni tanto spunta a dare un'occhiata, piú invidiosa che ironica. Annalori viene eletta nel consiglio di circolo della lista «Educhiamo insieme», di ispirazione liberale e repubblicana. C'è una lista democristiana, «Comunità educante», c'è una lista di sinistra, c'è la lista della vecchia associazione dei genitori. Nel quartiere sono i laici il gruppo di maggioranza.

Si discute del tempo pieno, del diritto allo studio, dei libri di testo, del doposcuola. Le diversità ideologiche e culturali appaiono subito evidenti, gli schieramenti e le alleanze si incrostano con rigidezza. L'inconciliabilità è spesso assoluta, come l'intolleranza. Le ragioni degli altri non contano o contano poco, le posizioni sono il piú delle volte precostituite. Uno che ascolta, invece, è Giorgio Ambrosoli. Per lui quel che dicono i genitori della lista di sinistra non va pregiudizialmente respinto, com'è nelle abitudini. È sempre attento alle assemblee e alle riunioni, disponibile a cambiare i propri convincimenti se si rende conto che l'idea o la proposta degli altri è di buon senso, utile a tutti.

I fatti non dànno requie. Il golpe in Cile dell'11 settembre 1973, la morte di Allende, la proposta di «compromesso storico» fatta da Enrico Berlinguer, «tra le forze che raccolgono e rappresentano la grande maggioranza del popolo italiano» assorbono il dibattito politico.

Giorgio Ambrosoli vede assestata la sua vita tra il lavoro di avvocato, il lavoro alla Sfi e altri incarichi assunti negli anni, presidente del Collegio sindacale della Banca del

CAPITOLO TERZO

Monte di Milano, presidente del Collegio sindacale della Gioventú musicale, sindaco supplente del Credito fondiario, sindaco del «Giornale», fin dalla fondazione nel 1974, dopo la diaspora di Montanelli e di altri giornalisti del «Corriere della sera» di Piero Ottone accusato di essere portatore di sinistrismo e di sovversione.

I Decreti delegati hanno allargato gli interessi, i genitori conosciuti allora, Rosica, Gavazzi, Zileri, gli altri sono simpatici e amabili, i problemi della scuola sono lievi rispetto a quelli della Sfi che con gli anni ha rivelato tutto il suo carico di intrigo e di malversazione: dai falsi in bilancio all'illegale ripartizione degli utili alla speculazione selvaggia in Borsa, dalla bancarotta semplice alla bancarotta fraudolenta. Niente a che vedere con i giochi illusionistici di Sindona. Ma espressione preoccupante di una società bigotta che si è incrinata nei suoi fondamenti di moralità esibiti cosí volentieri.

L'estate del 1974 è stata una buona estate. Al ritorno dalle vacanze gli Ambrosoli passano qualche giorno sul lago. Una domenica, Giorgio, mentre parla d'altro, dice che sulla banca di Sindona girano voci di fallimento.

Fa ancora caldo, Giorgio è in giardino, Betò ha tre anni, gioca sulla ghiaia. A Annalori sembra una notizia che viene dalla luna.

Ne sente parlare una seconda volta qualche giorno dopo. Giorgio dice alla moglie che potrebbe esser chiamato a far parte di un gruppo di avvocati e di economisti che si occuperà della liquidazione della banca di Sindona. Annalori non dà troppa importanza a quel che sente. Le sembra una questione di lavoro non dissimile dalle altre.

È ancora una notizia vaga. Ma la sera di martedí 24 settembre 1974, sono quasi le 11, telefona a casa Ambrosoli un funzionario della Banca d'Italia. Il governatore Guido Carli ha bisogno di parlare urgentemente con l'avvocato

Ambrosoli. L'appuntamento è fissato alle cinque del pomeriggio del giorno dopo.

Ambrosoli parte per Roma col primo aereo della mattina. Non dimenticherà mai, Annalori, il tono della voce di suo marito quando, dopo il colloquio con il governatore, le telefona dall'aeroporto di Fiumicino e le dice che Carli gli ha conferito l'incarico di commissario liquidatore della Banca Privata Italiana, la banca di Sindona. Ha una voce strana, un po' incrinata. S'avverte l'ansia, la preoccupazione, la soddisfazione, l'orgoglio.

«Sono solo, – dice subito e Annalori non capisce. – Ho parlato con Carli, – chiarisce. – Sarò l'unico commissario liquidatore».

«Te la caverai benissimo, sono sicura», risponde lei a quel linguaggio un po' disarticolato e pensa alle notti passate a studiare le carte della Sfi, alla difficoltà dell'impegno, alla sua gravosità, ma pensa anche alla capacità e all'entusiasmo che il marito sa mettere in tutto ciò che fa. Non ha nessuna sensazione di minaccia, non ha nessuna premonizione, non ha paura. Non conosce i personaggi, non conosce l'ambiente, è solo fiera che abbiano scelto Giorgio.

La giovane moglie va a prendere il marito all'aeroporto di Linate, poi insieme a mangiare una pizza. È un momento felice. Ambrosoli ha appena compiuto quarant'anni, Annalori ne ha poco piú di trenta, hanno tre bambini desiderati, è una bella sera di settembre.

Ambrosoli telefona subito a Pino Gusmaroli che ha lavorato con lui alla Sfi e in cui ha assoluta fiducia. Dal '71, Gusmaroli ha vissuto a lungo a Venezia, coadiutore del curatore del fallimento Marzollo, ed è appena tornato a Milano. Ambrosoli gli chiede di aiutarlo. S'incontrano subito, è giovedí 26 settembre, nello studio di corso Magenta.

CAPITOLO TERZO

Ha piena coscienza, Ambrosoli dell'incarico che ha appena accettato? Sa che cosa significa nella politica italiana il caso Sindona? L'ha fatto per orgoglio professionale, per amore della sfida?

E perché Carli ha scelto Ambrosoli?

È possibile che il governatore abbia tentato qualche approccio con altri professionisti e che abbia accolto poi le segnalazioni ricevute. Alla Banca d'Italia, Ambrosoli è conosciuto per il fallimento della Sfi e può aver garantito per lui il professor Tancredi Bianchi, uno dei commissari, che è il presidente del Collegio sindacale del Banco di Roma, e anche Vincenzo Storoni, personaggio autorevole che fa parte del comitato esecutivo dell'Iri. E ad Ambrosoli, nei primi tempi, resta appiccicata l'etichetta di uomo del Banco di Roma, una delle banche di interesse nazionale che con il Credito Italiano e la Banca Commerciale ha costituito un consorzio per pagare i creditori.

Anche Ambrosoli è al corrente della diceria. «Si sbagliano, – dice a Gusmaroli, – se pensano che io faccia l'interesse del consorzio piú che quello della liquidazione. A parte il fatto che gli interessi non sono contrastanti».

Il Banco di Roma ha un ruolo essenziale nella vicenda Sindona e ce l'avrà fino in fondo. È una banca legata alla Dc e agli ambienti vaticani. Nel suo staff lavorano uomini vicini a Sindona.

Forse, nella scelta di Ambrosoli, hanno contato anche la fama del suo carattere, delle sue attitudini. Rigido, ma prudente, non appartiene all'establishment, non ha legami politici, è di opinioni conservatrici, è un onesto professionista, non è un uomo arrivato. Si pensa forse che sia piú influenzabile di quanto poi mostrerà di essere, piú conciliante, condiscendente, controllabile, in una situazione cosí delicata, di pericolosità addirittura dirompente nei rapporti tra governo e banca centrale, tra Stato italiano e

Vaticano, tra uomini politici, partiti di maggioranza e Sindona.

L'avvocato Giorgio Ambrosoli comincia cosí la grande avventura della sua vita[1].

Entra in banca presto, il 27 settembre 1974, e ci resta fino alle quattro della mattina dopo. Annalori tenta piú volte di parlargli al telefono e non ci riesce. Anche nei giorni seguenti. Cerca allora di sapere quel che succede leggendo i giornali e ha la rivelazione che è accaduto qualcosa di cui non ha ancora piena coscienza, ma che sa capace di sconvolgere l'esistenza.

Ambrosoli non vuole sistemarsi nello studio di Sindona, sceglie una stanza al primo piano, con le finestre che dànno su via Verdi proprio di fronte alla chiesa di San Giuseppe. Una stanza sobria. Una scrivania lunga e stretta, di legno svedese, a forma di mezzaluna, un abat-jour sulla destra vicino a quei telefoni che anni dopo porteranno minacce e segni di morte e poi una poltrona, un divanetto, un armadio, una cassaforte.

Lo studio di Sindona è al quarto piano, l'ultimo. Si sale da una porticina, in via Arrigo Boito 10, di fianco a via Verdi, sul retro della casa che a prima vista sembra anonima, priva delle suggestioni dei luoghi dove sono maturati fatti atroci e dove hanno campo i fantasmi dell'immaginazione.

Il quartiere, elegante, riservato, è abitato da conti musicofili, da scrittori di romanzi gialli, da proprietari terrieri assenteisti, da direttori d'orchestra, da collezionisti d'arte, da cantanti di passaggio, da danzatrici una volta famose, rosicchiate ora dalla scoliosi, ma soprattutto da finanzieri, affaristi, ladri d'alto bordo.

[1] Giorgio Ambrosoli viene nominato commissario liquidatore della Banca Privata Italiana con decreto del ministro del Tesoro del 27 settembre 1974.

CAPITOLO TERZO

Lo studio di Sindona è proprio sull'angolo del sopralzo di vetrocemento e di acciaio, un obbrobrio edilizio che sembra appoggiato come una scatola sull'edificio di sotto. Il panorama che si vede guardando dalle pareti di vetro doveva dare al suo abitatore, con il senso, o il delirio, dell'onnipotenza, la certezza di essere il padrone di Milano: la Cassa di risparmio, con le sue lucide colonne mortifere, la Scala, col respiro del palcoscenico quasi a ridosso, il palazzo novecentesco della Banca Commerciale all'imbocco di piazza della Scala, con lo studio, riconoscibile al secondo piano, che fu di Raffaele Mattioli, e dall'altra parte, verso piazza Filodrammatici, la sagoma appena suggerita della banca di Calvi, il Banco Ambrosiano, e poi, seguendo la via che conduce alla piazzetta Bossi, nello stesso isolato della banca di Sindona, il tetto di quello che i cronisti usano chiamare il tempio della finanza laica, Mediobanca, dove lavorava e dove lavora Enrico Cuccia, il grande nemico, ma anche il grande timoniere.

Sindona avrebbe potuto agevolmente incontrarlo in un fazzoletto di passi, alla libreria Hoepli, al bar del Biffi Scala, ancora aperto in quegli anni, o anche dal barbiere Nino, somigliante al maggiordomo di una commedia inglese, impalato e ossequioso nel suo negozio all'Hotel Continental. (I tentativi di approccio non avvennero da una parte all'altra dell'isolato, ma da una parte all'altra dell'Oceano. Sindona non badò a spese quando adoperò come tramiti quei killer che venivano dal Motel Conca d'Oro, al numero 2232 della Forest Avenue a Staten Island e a ogni ora del giorno e della notte urlavano minacce e fissavano ansiosi appuntamenti).

«Il suo ufficio privato non era molto ampio. Piú che a un ufficio assomigliava a un santuario. Il sontuoso arredamento ricordava un'epoca di piú ampio respiro: c'erano testi latini, di filosofia e di economia; due piccoli dipinti – un San Gerolamo e una Crocifissione – di Giovanni Battista Piazzetta; una statua lignea attribuita a Francesco Laurana e un busto anch'esso ligneo ma piú piccolo attribuito ad Antonio Pollaiolo; due poltrone del settecento per gli ospiti e un severo fratino del sedicesimo secolo che fungeva da scrivania»[2].

Ambrosoli e le guardie di finanza arrivate a porre i sigilli non provano, davanti allo studio d'angolo di Sindona, l'ammirato stupore del biografo americano. Piú che l'ufficio di un banchiere, l'appartamento di Sindona, due stanze da una parte del corridoio, tre dall'altra, sembra un alloggio mascherato dei servizi segreti. E non solo perché sulla porta c'è una targhetta, Studio Marini, perché il centralino del telefono è autonomo da quello della banca o perché è ammesso negli uffici un piccolo gruppo fidato: Pier Sandro Magnoni, genero di Sindona, marito della figlia Maria Elisa, Guido Gilardelli, un commercialista vicino a Sindona sin dai primi anni milanesi e poi un funzionario, due contabili e un ragioniere, lo Scianca, Giorgio Scianca, il cui nome non risulta neppure dai libri paga della banca.

C'è un grande andirivieni di persone e di telefonate, nello studio di Sindona. Personaggi illustri e meno illustri: «Fin dal momento in cui fui addetto al quarto piano, all'ufficio di presidenza di Sindona, mi resi conto e ebbi personale conferma da Sindona e da Magnoni, assistendo anche a telefonate, che l'uomo politico legato al gruppo e su cui il gruppo contava era l'onorevole Andreotti, il quale faceva conto su Sindona, sul suo gruppo e sugli stru-

[2] Nick Tosches, *Il mistero Sindona. Le memorie e le rivelazioni di Michele Sindona*, Sugarco edizioni, Milano 1986.

CAPITOLO TERZO

menti a disposizione di quest'ultimo, le banche italiane e la banca Franklin, nel quadro dei suoi disegni politici»[3].

Ad attirare subito l'attenzione è una porticina minuscola che conduce in un sottotetto. Per anni è stata conservata lí la documentazione piú delicata della banca, i contratti fiduciari, le carte che scottano delle società estere, la prova dei giri di denaro che Sindona, attraverso banche straniere, ha accreditato a se stesso e alle società che possiede fuori d'Italia violando cosí la legge bancaria.

È il sottotetto il pozzo nero dell'impero Sindona, il cuore dell'imbroglio, la fonte dei passaggi di denaro fatti in modi tortuosi per non lasciar traccia, la prova dell'invenzione delle scatole cinesi, delle matrioske finanziarie costruite da Sindona per creare apparenze che coprono realtà inesistenti.

Ambrosoli chiude il sottotetto con spago e ceralacca. Si accorgerà piú tardi che dentro non c'era ormai piú niente. Una settimana prima è arrivato infatti un camion per il trasloco. Le carte sono state trasportate in un appartamento, poi in uno studio professionale nel palazzo napoleonico di corso Venezia dov'è la sede del Circolo della stampa. Ma la documentazione piú compromettente è stata subito distrutta.

Gli originali dei documenti che Ambrosoli ha faticosamente raccolto in tutto il mondo erano qui. Il lavoro del commissario liquidatore è stato per anni proprio quello di andare a cercare nelle banche e nelle società finanziarie di tutto il mondo le carte, le copie, le prove dei documenti conservati un tempo nel sottotetto. Alle prese con uomini duri e ingegnosi, in una caccia al tesoro piena di rischi mortali.

---

[3] Testimonianza di Silvano Pontello, funzionario della Banca Privata Italiana, in Commissione Sindona cit. Relazione di minoranza comunista dei deputati Giuseppe D'Alema, Gustavo Minervini, Luca Cafiero, p. 367.

Capitolo quarto

Sul caso Sindona si sono stratificate negli anni carte di ogni genere e di ogni peso, gli studi degli economisti, i documenti degli uomini di banca, gli instant-book dei giornalisti compiacenti, i saggi sul sistema bancario, le inchieste della Vigilanza della Banca d'Italia e poi le carte giudiziarie, i rapporti della Guardia di finanza, dei carabinieri, della polizia, le ordinanze dei giudici istruttori, le requisitorie dei pubblici ministeri, le sentenze delle Corti d'Assise, gli atti della Commissione parlamentare d'inchiesta costituita per tentare di capire il sistema Sindona, gli atti di altre Commissioni parlamentari d'inchiesta, quella sulla loggia massonica P2, quella sul fenomeno della mafia in Sicilia.

Anche la vita di Sindona è stata passata al filtro degli analisti: quando Milano lo accoglie e lo legittima come un figlio che possiede le native qualità del coraggio e dell'intraprendenza e quando lo degrada al rango di bancarottiere siciliano; quando lo mitizza come un moltiplicatore di pani e quando lo scruta, gallinaccio spaventato, nella gabbia della Corte d'Assise. E poi: quando Sindona è gratificato da Giulio Andreotti, al Saint Regis di New York nel dicembre 1973, come il salvatore della lira; quando è ritenuto un grande finanziere internazionale capace di smuovere la palude italiana; quando diventa protagonista del finto sequestro organizzato dalla mafia in Sicilia, e

CAPITOLO QUARTO

perde l'antico aplomb; quando muore in quel modo misterioso nel carcere di Voghera.

Nella sua vita l'enigma è costante come l'ambiguità e come la corrente alternata dell'intelligenza. Figlio di un impresario di pompe funebri, o meglio di un fiorista specializzato nella confezione di corone mortuarie e di decorazioni tombali, nato a Patti – Messina – nel 1920, frequenta nel 1937 la prima del liceo classico. È un allievo mediocre sia nelle materie umanistiche sia nelle materie scientifiche: «Ma ecco che a metà dell'anno, chissà per quale misterioso processo di sblocco, per quale imprevedibile apertura cerebrale, il giovane Sindona lascia tutta la sua classe sbalordita perché improvvisamente si rivela un portento in matematica risolvendo a memoria complicati problemi, complesse equazioni. E piú sbalordita di tutti lascia la professoressa di matematica, Laura Attardi, che non sapeva spiegarsi le ragioni del miracoloso mutamento dell'allievo. È questo uno dei primi segni di quello che sarà in futuro il "mistero" Sindona: delle rotture, delle impennate, delle "genialità", degli azzardi, delle vertiginose, megalomani imprese in una personalità tutto sommato mediocre, banale, culturalmente povera e schematica»[1].

La massoneria, la mafia italo-americana, il Vaticano, i servizi segreti, sono le carte che Sindona usa fin dagli inizi della sua carriera, quando nel 1946 si trasferisce a Milano, immobiliarista, fiscalista, speculatore di aree fabbricabili, intermediario di traffici finanziari e poi consulente, socio in affari, imprenditore e banchiere in proprio. La sua capacità di persuasione, la sua abilità e spregiudicatezza, il suo saper muoversi in un rimarcato alone di segretezza, sono alimentati dalla coscienza di poter usufruire costantemente di una protezione non politica e poi politica che

[1] Vincenzo Consolo, «Il Messaggero», 11 ottobre 1984.

nasce da una lunga e calcolata partita doppia di concessioni, di prestazioni, di favori.

«L'analisi tecnica ha mostrato che le banche sindoniane non sono una cellula impazzita all'interno del sistema bancario italiano; le vicende del 1973-74 dimostrano quanto organiche quelle banche fossero diventate a un mondo di protezioni clientelari e di corruzioni politiche. Un intervento drastico nei confronti di quelle banche significava tagliare gordianamente quell'intreccio. Ciò però richiedeva non solo la valutazione tecnica dell'opportunità dell'intervento, ma anche la capacità politica di realizzarlo»[2].

Nei primi anni '60, Sindona non è già piú il professionista sconosciuto, il fiscalista che si arrangia, geniale nell'identificare il nocciolo dei problemi, abile nell'ungere le ruote utili agli evasori o a chi ha semplicemente bisogno di un consulente capace, magari d'accordo con gli unti per rendere piú continuativa l'opera di corruzione.

È la banca il miraggio di Sindona. La banca rappresenta per lui il segno del dominio, lo strumento di tutte le possibili strategie, il cuore dell'impero, anche e soprattutto se l'impero è fondato sui debiti: «Le aziende si comprano e si vendono, le banche si comprano e si tengono», è un vecchio motto sindoniano.

Nell'ottobre 1961, Sindona diventa socio di maggioranza della Banca Privata Finanziaria, di proprietà delle famiglie Moizzi e Brughera. Nel 1965, il 25 per cento delle azioni viene ceduto alla Hambros Bank Ltd. di Londra e il 15 per cento alla Continental International Finance Corporation di Chicago. Il capitale è di un miliardo, l'effettiva proprietaria della banca, con il 52,5 per cento è la Fasco

[2] Commissione Sindona. Relazione di minoranza D'Alema, Minervini, Cafiero cit., p. 250.

Italiana di Michele Sindona e C. Dal 1967 al 1972 il capitale sale a tre miliardi e 750 milioni di lire. Tra il 1972 e il 1973, il gruppo Hambros e la Continental cedono le proprie azioni e l'intero capitale passa al gruppo Sindona.

Nel 1968, Michele Sindona diventa proprietario della maggioranza della Banca Unione, una banca fondata nel 1919 dalla famiglia Feltrinelli. Quell'anno, la vecchia proprietà cede alla Comarsec - Common Market Securities di Lussemburgo – il 57 per cento delle azioni. Il 16 per cento è di proprietà dell'Istituto opere di religione, lo Ior, il resto, polverizzato, nelle mani di infiniti azionisti. Nel 1970 e nel 1971, il capitale è portato da 840 000 000 a 2 520 000 000 di lire. La Comarsec di Sindona possiede il 51 per cento, lo Ior il 16 per cento[3].

L'avvocato Sindona, alla fine degli anni '60 è già un finanziere di respiro internazionale: oltre alle due banche milanesi possiede la Banca di Messina e la Finabank di Ginevra, ha legami con la finanza inglese, americana, svizzera, ha impiantato nel Liechtenstein le strutture, i «gusci vuoti» che gli serviranno per i traffici futuri.

L'Euromarket Money Brokers, nota come Moneyrex Spa messa su nel 1964 in piazza della Repubblica a Milano – poche stanze, una dozzina di telefoni, qualche telescrivente – con Carlo Bordoni, il famoso, assai discusso e incontrollato «mago dei cambi», va a gonfie vele. Si occupa di mediazione dei debiti, di compravendita di valuta a breve e a lungo termine, di operazioni speculative sui cambi, ma non è soltanto una società di brokeraggio che esercita l'usura a livello mondiale, che distribuisce tangenti ai servizievoli funzionari degli istituti di credito prodighi di notizie ed esporta capitali all'estero. È anche e soprattutto uno strumento di informazione dei meccanismi

[3] Giorgio Ambrosoli, Relazione del Commissario liquidatore al giudice istruttore, 8 maggio 1978.

delle banche di ogni continente, delle loro necessità, dei loro segreti. Sono piú di un migliaio le banche-clienti di Sindona e il volume di affari, alla fine degli anni '60, supera i 40 milioni di dollari annuali. Tra i clienti italiani, il Banco di Roma è il piú importante, ma lo sono anche le altre due banche d'interesse nazionale, la Banca Commerciale e il Credito Italiano: «Poiché si può legittimamente presumere che queste banche potessero o produrre in proprio quei servizi o ricorrere ad altri intermediari, dobbiamo ritenere che il vertice del sistema bancario avesse la massima fiducia nel gruppo Sindona»[4].

Il finanziere, in quegli anni, diventa proprietario in Italia, negli Stati Uniti e in altre parti del mondo delle società piú disparate, agenzie di viaggio, fattorie, oltre che di infinite partecipazioni azionarie, persino nell'industria cinematografica hollywoodiana.

Con un amico italo-americano, Mark Antinucci e con il generale dell'aeronautica degli Stati Uniti Sory Smith, già capo del gruppo consultivo dell'assistenza militare americana in Italia, acquista nel 1971 «The Rome Daily American», il quotidiano di lingua inglese stampato a Roma. La sollecitazione è dell'ambasciatore americano in Italia, Graham Martin, timoroso che il giornale venga comprato da imprenditori vicini al Partito socialista. Con Antinucci, Sindona è socio della Brink's Securmark, un istituto di vigilanza privata che nel 1984 subirà una rapina di 39 miliardi, dai contorni misteriosi e inquietanti, in cui sono coinvolte le Brigate rosse, la malavita romana, i servizi segreti italiani e che ha attinenze con il sequestro e l'assassinio di Aldo Moro.

Il finanziere, che ha amicizie nell'entourage del presidente Nixon, è uomo di fiducia della Cia americana. Pri-

---

[4] Commissione Sindona. Relazione di minoranza D'Alema, Minervini, Cafiero cit., p. 242.

CAPITOLO QUARTO

ma del colpo di Stato del 21 aprile 1967 in Grecia, la Finabank di Ginevra fa un prestito di 4 milioni di dollari a una società collegata con i colonnelli protagonisti del golpe, la Helleniki Tekniki, prestito garantito dalla Banca Centrale greca che in seguito negherà di averlo ricevuto.

E la Continental Bank of Illinois accredita anch'essa fondi della Cia all'Uranya Hellas, vicina ai colonnelli greci, tramite la Banca Privata Finanziaria: Sindona, nel 1979, tenterà senza esito di ricattare l'amministrazione americana minacciando rivelazioni per evitare l'estradizione in Italia.

E nel 1972, Sindona fa da missus tra la Cia e il generale Vito Miceli, capo del Sid: lo rivela nel 1976 la Commissione d'inchiesta del Congresso americano che indaga sulle attività «coperte» della Cia, presieduta da Otis Pike. A Miceli vengono consegnati 11 milioni di dollari da distribuire, come sostegno elettorale, a 21 uomini politici italiani di fede e di appartenenza anticomunista[5].

Di Sindona, alla fine degli anni '60, parlano i grandi giornali: «Business Week» lo definisce «il finanziere italiano di maggior successo», «Fortune» lo esalta «come uno dei piú geniali uomini d'affari del mondo», «Time» gli dedica profili e ritratti.

Aperto ormai alle suggestioni della fama, l'avvocato Sindona non tradisce però le sue radici. E nei primi anni '70 diventa l'eminenza grigia di una società finanziaria fuorilegge, gestita da prestanome legati alla mafia, che imbroglia migliaia di emigranti e che al momento del crack sfiora un passivo di quattro miliardi. Lo raccontano gli atti della Commissione parlamentare antimafia: «La mafia

---

[5] Tana De Zulueta in «The Sunday Times», 6, 13, 20, 27 gennaio e 3 febbraio 1980. Roberto Faenza - Marco Fini, *Gli americani in Italia*, Feltrinelli, Milano 1976. Corrado Stajano e Marco Fini, *La forza della democrazia*, Einaudi, Torino 1977.

agrigentina ha tentato recentemente un rilancio di tipo moderno con una operazione speculativa di carattere finanziario collegata con il sottobosco della finanza milanese del clan di Sindona e realizzata quasi interamente in provincia di Agrigento. Si tratta dell'"Interfinanziaria Spa", con sede centrale a Milano, che riusciva ad aprire oltre 20 sportelli in provincia di Agrigento in piccoli comuni spogliati dall'emigrazione e economicamente molto depressi. All'improvviso la vecchia e nuova mafia si attivizzò e cominciò il reclutamento dei depositi: una vera e propria caccia al risparmio di emigrati, ex possidenti, piccoli e medi proprietari di terre che, spinti dall'elevato tasso di interesse concesso (piú del doppio del tasso praticato dalle altre banche!) e a volte da promesse d'impiego nelle agenzie dell'Istituto, riversarono nelle sue casse piú di 4 miliardi e mezzo di depositi nel volgere di poco tempo. (...) Gli impiegati assunti (...) erano quasi tutti parenti stretti di esponenti mafiosi locali, i quali non avendo mansioni burocratiche da svolgere venivano utilizzati come ricercatori di clienti, data, appunto, la loro "influenza"».

La finanziaria agisce indisturbata per anni, prima dell'intervento di un pretore di Milano. All'isola di Lampedusa progetta la costruzione di un villaggio turistico affidata a Joseph Macaluso, uno dei protagonisti del finto sequestro di Sindona dell'estate 1979. La ditta Macaluso usa mattoni prodotti con la sabbia dell'isola. Come se i bambini di un gigantesco Monopoli progettassero di vendere i castelli dei loro giochi infantili [6].

[6] Commissione parlamentare d'inchiesta sul fenomeno della mafia in Sicilia, VI legislatura, Doc. XXIII, n. 2. Relazione di minoranza dei deputati e senatori comunisti Pio La Torre, Gianfilippo Benedetti, Alberto Malagugini, Gelasio Adamoli, Gerardo Chiaromonte, Francesco Lugnano, Roberto Maffioletti, Cesare Terranova, p. 608.

CAPITOLO QUARTO

Il sospetto per l'origine della fortuna di Sindona è cancellato via via dalla sua forza finanziaria. Gli scrupoli vengono fatti tacere, come sempre, dal bisogno di denaro dei suoi possibili critici. Franco Marinotti, Anna Bonomi, gli Hambro, i famosi banchieri di Londra, sono i suoi soci-garanti che suscitano rispetto e smussano la credibilità di chi ha sempre identificato l'avvocato Michele Sindona con la mafia. A un certo momento nessuno o quasi si domanda piú dove l'avvocato Michele Sindona abbia trovato e trovi i suoi capitali.

«In un mercato finanziario interno privo della protezione di una legislazione atta a delimitare il campo delle iniziative speculative, in un mercato finanziario internazionale rigurgitante di fondi in cerca di investimento fiduciario, Sindona concepí disegni sempre piú ambiziosi. Nel 1969, combinando acquisti privati e acquisti sul mercato, il piú delle volte mediante interventi di non residenti, Sindona acquisí o fu prossimo ad acquisire il controllo della società Italcementi, quindi dell'Italmobiliare, quindi della Riunione Adriatica di Sicurtà, dell'Assicuratrice italiana, della Banca Provinciale Lombarda, del Credito Commerciale, dell'Istituto Bancario Italiano. Desistette da quel proposito quando il gruppo di controllo (ing. Carlo Pesenti) offrí di ricomprare le azioni al prezzo imposto dallo stesso Sindona attraverso incroci di acquisti e di vendite in una borsa carente di controlli»[7].

L'acquisto dal Vaticano, nel maggio 1969, della Società Italiana per la Condotte d'acqua e della Società Generale Immobiliare, che ha avuto un ruolo preminente nella speculazione edilizia piú selvaggia degli anni '50-'60, dà nuovo credito a Sindona.

[7] Guido Carli, prefazione a Renato Cantoni, *1973-1974 il terremoto monetario*, Etas libri, Milano 1979.

Il finanziere conosce il futuro Paolo VI dagli anni in cui Giovanni Battista Montini è arcivescovo di Milano: pare che siano iniziati allora i rapporti di simpatia e di familiarità che saranno essenziali nel 1969 quando il Vaticano deciderà il riassetto delle sue finanze.

Ma Sindona si avvicina allo Ior, l'Istituto opere di religione, all'Apsa, l'Amministrazione del patrimonio della sede apostolica, coi suoi casalinghi metodi mediterranei: una sua cugina, Anna Rosa, figlia del fratello di sua madre, ha sposato il fratello minore di monsignor Amleto Tondini, studioso delle lingue classiche, nominato da Giovanni XXIII direttore del Segretariato pontificio per le Lettere ai Principi, uomo stimato nelle stanze vaticane. È monsignor Tondini, l'innocente latinista, inventore di neologismi che gli meritano l'elogio papale – pyrobolus atomicus, la bomba atomica – a presentarlo a Massimo Spada, il delegato, l'amministratore dello Ior. I rapporti tra Sindona e Massimo Spada, alimentati dalle credenziali americane, diventano assidui fin dagli anni '50, prima dell'acquisto della Banca Privata Finanziaria con l'avallo dello Ior. (Uscito dall'Istituto vaticano nel 1964, Massimo Spada avrà ruoli importanti nelle società e nelle banche sindoniane: vicepresidente della Banca Privata Finanziaria, consigliere d'amministrazione della Banca Unione e della Società Generale Immobiliare).

Sembra che sia stato Paolo VI, dunque, agli inizi del 1969, a chiedere al cardinale Sergio Guerri di rivolgersi a Sindona per la vendita dell'Immobiliare e della Condotte d'acqua. Il tramite fu Massimo Spada.

E sembra che Paolo VI abbia ricevuto Michele Sindona a tarda notte, al terzo piano dei palazzi apostolici – uno di quegli incontri che non lasciano traccia sulle agende – e si sia impegnato con la sua firma a vendere per 350 milioni di dollari la quota di controllo del Vaticano nell'Immobi-

CAPITOLO QUARTO

liare: «L'accordo siglato direttamente da Paolo VI nella primavera 1969 fa di Sindona, da allora in poi, il maggior fiduciario della finanza vaticana, sopravanzando tutti gli altri legami tradizionali tra gli uomini e le strutture della Santa Sede e i banchieri del mondo finanziario cosiddetto "cattolico" in Italia. In questa veste di rappresentante del Vaticano, e quindi di una potenza finanziaria di respiro pari a quella di uno stato, Sindona può presentarsi sulla scena internazionale con prestigio e potenza, stringendo alleanze e collegamenti che non sarebbero né concepibili né legittimati se si fosse trattato di un singolo banchiere agente per se stesso. (...)

«Alla fine degli anni '60, Paolo VI decide di smobilitare gli investimenti italiani spostandoli sul mercato internazionale e in particolare su quello degli eurodollari. Alla base di quella scelta c'è una valutazione negativa della situazione economico-finanziaria italiana, incentivata dalla decisione del 1968 delle autorità italiane di porre fine all'esenzione fiscale per i dividendi delle azioni possedute dal Vaticano, direttamente o indirettamente. Cosí l'Ior, alla cui testa è andato monsignor Marcinkus, procede nella operazione smobilitazione degli investimenti italiani e entrata in massa sul mercato internazionale. Sindona diviene al tempo stesso il maggior artefice di questa nuova linea d'azione, il consigliere piú ascoltato in Vaticano e il partner di gran parte delle operazioni messe in atto dal 1969 in poi»[8].

Sindona è al culmine della sua potenza formale. I suoi legami con le grandi banche internazionali, la Hambros di Londra e la Continental Bank of Illinois presieduta da David Kennedy, segretario al Tesoro con Nixon e poi am-

---

[8] Commissione Sindona. Relazione di minoranza del deputato radicale Massimo Teodori, p. 530.

basciatore presso la Nato a Bruxelles, sono i segni della considerazione in cui è tenuto. Con la Fasco A. G. controlla almeno cinque banche e piú di 125 società per azioni in undici paesi.

È costretto a procedere, prigioniero del suo gioco di potenza, ossessionato dalla mania di grandezza, mosso dal bisogno di capitali necessari per le sue iniziative: le aziende, le società finanziarie, le banche sono i tre filoni sui quali si muove. Acquista aziende in condizioni precarie, le risana o finge di risanarle, le rivende incassando cospicui guadagni all'estero. Le aziende sono per lui una merce di scambio. Opera in particolare su aziende quotate in Borsa, «i cui corsi vengono sistematicamente gonfiati per attirare il maggior numero possibile di investitori. Nella totale carenza di controlli sulle borse italiane non fu difficile per Sindona crearsi la fama di re Mida che trasformava in oro le operazioni su qualsiasi titolo del listino»[9].

Sindona usa le società finanziarie in gran parte collocate nei «paradisi fiscali», con estrema spregiudicatezza per «consentire il trasferimento di capitali all'estero», per «nascondere le proprietà di aziende»; per «rendere impossibile la ricostruzione di singole operazioni», per «impedire, attraverso complicati intrecci finanziari, di conoscere dimensioni reali e situazioni effettive del gruppo»[10].

Le banche, poi, forniscono risorse alle imprese del gruppo, sia in forma palese sia in forma occulta; realizzano la strategia di Borsa, sostengono le quotazioni, allargano la cerchia degli investitori: «Quasi tutti i prestiti andavano a favore del gruppo e gli stessi fiduciari, pur mascherati da rapporti interbancari, erano pur sempre rapporti

---

[9] Commissione Sindona. Relazione di minoranza D'Alema, Minervini, Cafiero cit., p. 218.
[10] *Ibid.*, p. 219.

intragruppo. A questi vanno poi aggiunti i sostegni indiretti effettuati mediante le operazioni in Borsa»[11].

Quelle di Sindona sono «banche di gruppo», nell'accezione peggiore. Le *captive banks*, come vengono definite dagli economisti anglosassoni: banche che hanno interessenze in società e viceversa.

La violazione delle regole amministrative e contabili, del codice civile, della legge bancaria è sistematica: come le operazioni in cambi non contabilizzate per somme enormi, le contabilità «nere», eufemisticamente definite riservate, le irregolarità nelle segnalazioni alla Banca d'Italia, le violazioni delle norme sui fidi e sulla riserva obbligatoria.

«Alto grado di rischio dell'attivo, alta propensione alla speculazione, raccolta crescente, ma onerosa e volatile, gravi violazioni delle norme civili e penali, irregolarità amministrative sono dal punto di vista strettamente tecnico le caratteristiche fondamentali delle due banche»[12].

Il grande disegno di Sindona nasce nel 1971. Mira al controllo della Bastogi e della Centrale e alla loro fusione, mira al controllo della Banca nazionale dell'agricoltura. Spiega Guido Carli: «Se il programma fosse stato realizzato si sarebbe costituita una delle maggiori, forse la maggiore, delle società finanziarie europee. Ne sarebbe derivata una concentrazione esorbitante la capacità di controllo di un sistema formato dall'intreccio di disposizioni vetuste, in larga parte concepite agli albori del capitalismo italiano»[13].

L'offerta delle azioni della Centrale viene fatta dalla

---

[11] Commissione Sindona cit.
[12] *Ibid.*, p. 220. Il giudizio dei commissari si riferisce alla Banca Privata Finanziaria e alla Banca Unione.
[13] Guido Carli, prefazione a Cantoni, *1973-1974 il terremoto monetario* cit.

Hambros Bank per conto di Sindona. Il 5 agosto 1971, l'assemblea ratifica il passaggio di proprietà e se si osserva com'è composto il nuovo consiglio di amministrazione, ci si rende conto che non è avvenuta soltanto la compravendita di una grande finanziaria, ma sono cambiati i gruppi dominanti, i personaggi. Sono stati accantonati uomini e famiglie che hanno contato nella storia del capitalismo italiano e sono subentrati altri che hanno avuto importanza nell'ascesa di Sindona, Jocelyn O. Hambro, Richard Hambro, Evelyn de Rothschild, John McCaffery, Massimo Spada. C'è tra gli altri nomi anche quello di Roberto Calvi che sotto la tutela di Sindona sta uscendo dal grigiore di piccolo dirigente di banca, il Banco Ambrosiano, travet spaurito, roso dall'ambizione, e comincia a vivere le grandezze e poi i tremori e i terrori dell'ultimo decennio della sua vita.

Il governatore blocca invece Sindona nella scalata all'Italcementi, alla Banca nazionale dell'agricoltura, alla Bastogi. Commenta Carli: «Il metodo secondo il quale fu condotta la grande operazione s'imperniava su offerte di prezzi largamente eccedenti quelli di mercato e quelli basati su valutazioni ragionate dei patrimoni sociali. L'assenza di qualsiasi proporzione tra i prezzi offerti e quelli di mercato, anche rettificati per effetto del maggior valore attribuibile alle partecipazioni di comando, indusse in me la convinzione che l'operazione si proponesse obiettivi di dominio e che, con l'impiego degli scarsi mezzi disponibili, fosse mio dovere contrastarla. Cosí feci»[14].

L'offerta pubblica di acquisto della Bastogi, sostenuta da buona parte dei giornali, dal «Corriere della sera» alla «Stampa», a «24 Ore», all'«Espresso», al «Mondo», all'«Europeo» è del 10 settembre 1971.

[14] Guido Carli, prefazione a Cantoni cit.

CAPITOLO QUARTO

Il governatore Carli, quell'estate, deve avere dei presentimenti, temere la minacciosa nuvola nera che sta per accumularsi sul palazzo di via Nazionale e sul mondo economico. Non è casuale se il 31 agosto viene ordinata un'ispezione della Banca d'Italia alla Banca Unione e il 20 settembre un'ispezione alla Banca Privata Finanziaria.

«Le ispezioni naturalmente si chiuderanno assai piú tardi: il 17 febbraio per Banca Unione, il 24 marzo per Banca Privata Finanziaria. Entrambe riusciranno a mettere in evidenza l'incredibile intreccio di irregolarità amministrative e di operazioni bancarie ad altissimo rischio che già caratterizzavano gli istituti di Sindona. Pur non potendo scoprire i famigerati conti fiduciari, entrambi i gruppi ispettivi segnalarono con efficacia quanto perverso fosse il rischio complessivo. È questo il punto centrale e importante delle relazioni degli ispettori. Non tanto le conclusioni operative che, implicando valutazioni di politica creditizia, dovrebbero essere prese a livelli gerarchici piú elevati. Le conclusioni comunque sono gravissime: per Banca Unione si chiede esplicitamente l'applicazione dell'articolo 57, lettera a) della legge bancaria (cioè scioglimento degli organi amministrativi per gravi irregolarità). Per Banca Privata Finanziaria si esclude che gli organi amministrativi in carica possano eliminare – sostanzialmente – per le vie ordinarie le gravi irregolarità, disfunzioni e carenze riscontrate nel corso degli accertamenti»[15].

La Commissione parlamentare d'inchiesta sul caso Sindona è concorde: il giudizio complessivo sulla situazione della Banca Unione è «negativo sia per taluni aspetti tecnici e sia, soprattutto, per i criticabili sistemi di comportamento che vanno dall'istituzione di inammissibili conta-

---

[15] Commissione Sindona. Relazione di minoranza D'Alema, Minervini, Cafiero cit., p. 223.

bilità riservate e dalla mimetizzazione di fatti aziendali alla carenza di ogni forma di controllo ed alle deficienze dell'apparato contabile organizzativo. La gestione dell'azienda è apparsa improntata a criteri di condotta che non si addicono a un ente che esercita funzioni di interesse pubblico»[16].

Gli ispettori della Vigilanza della Banca d'Italia scoprono in entrambe le banche infinite irregolarità, infrazioni, manchevolezze valutarie, oltre all'illecita costituzione di una contabilità riservata, la contabilità nera, e chiedono provvedimenti di rigore in nome della legge bancaria.

Perché il governatore non interviene e non accoglie i suggerimenti degli ispettori? Prevalgono le ragioni politiche, le prudenze, le timidezze, gli opportunismi, i «sensi di responsabilità».

Carli ha fermato l'ascesa di Sindona finanziere, ha paventato un eccessivo potere concentrato nelle sue mani e ha fatto di tutto per impedirlo. Può ripetere ora, a proposito delle banche, quel che ha appena fatto per bloccare le scalate sindoniane nelle società finanziarie? Può intervenire in modo drastico quando la tendenza della Banca d'Italia è sempre stata di cautela, riluttante nel prendere provvedimenti nei confronti di istituti di credito in crisi?

Il governatore ha antichi sospetti sulla fonte dei capitali sindoniani. E ha usato tutti i possibili mezzi per intralciare Sindona. L'atteggiamento della Banca d'Italia nell'operazione Bastogi è stato oggetto di critiche perché considerato fuori dagli schemi classici: il fondo pensioni della Banca d'Italia possedeva infatti alcuni milioni di azioni Bastogi, Carli ha deciso di non cederle riuscendo a diventare determinante per il fallimento della scalata: «Invitai i pre-

---

[16] Commissione Sindona. Relazione conclusiva Azzaro cit., p. 16.

CAPITOLO QUARTO

sidenti di alcuni istituti di credito a comportarsi nello stesso modo»[17].

Se fosse stata adoperata la stessa durezza nei confronti delle due banche messe sotto accusa dalla Vigilanza si sarebbero evitate qualche anno dopo tragedia e morte e si sarebbe impedito il disordine che seguí e la rottura di quelle regole che stavano cosí a cuore al governatore. Ma i rapporti di forza non sono dalla parte della finanza tradizionale rappresentata da Carli. L'establishment è diviso al suo interno, le banche di Sindona hanno connessioni con banche internazionali di grande prestigio, la Dc appoggia Sindona, il Vaticano continua a essere qualcosa di piú della sua ombra benevola, l'opposizione di sinistra è confusa nei giudizi e nei comportamenti, c'è anche chi sostiene che Sindona, se allora fossero andate in porto quelle operazioni fruttifere, si sarebbe purificato e non si sarebbe piú buttato all'avventura della finanza perversa. In tutta la vicenda Sindona, dall'ascesa alla caduta e fino alla morte, c'è un costante velo di ambiguità che determina le cautele, le compromissioni, i trattenimenti, le stanchezze anche di chi aveva le qualità intellettuali, politiche e tecnico-finanziarie per capire la pericolosità sindoniana.

«La decisione di non applicare provvedimenti di rigore discende soprattutto da valutazioni politiche sulla capacità della Banca d'Italia di dare il colpo di grazia a Sindona e quindi di porsi contro la vasta rete di complicità palesi e alleanze piú o meno in buona fede che si muoveva intorno allo spregiudicato finanziere»[18].

Dalla vicenda Sindona traspare un caleidoscopio di atteggiamenti. Pochi uomini coraggiosi, malripagati, neppure ricordati, che hanno operato in nome di uno stato

---

[17] Guido Carli, prefazione a Cantoni cit.
[18] Commissione Sindona. Relazione di minoranza D'Alema, Minervini, Cafiero cit., p. 237.

che invece era nemico; uomini dei poteri criminali; uomini del potere politico, sostanzialmente alleati ai poteri criminali, che hanno operato in nome di interessi inconfessabili e che con morbidezza, con cinismo sorridente, con le compiacenze del pessimismo distruttore, con una presenza attenta e mascherata hanno difeso Sindona sino allo spasimo e hanno permesso che le cose rotolassero, rovinassero, deflagrassero, preoccupati soltanto dell'interesse particolare; uomini di prudenza, timorosi di ogni fuggevole ombra, incerti se opporsi a Sindona in nome del sistema o se sorreggerlo o tutt'al piú condizionarlo traendone qualche vantaggio in quanto Sindona è il sistema, non una sua scheggia impazzita.

Dopo verranno altri come lui, banchieri, immobiliaristi, finanzieri, e saranno via via usati, esaltati, sorretti fin quando è possibile e fin quando servono e poi cancellati anche dalla memoria.

Michele Sindona?

Il 9 marzo e il 6 luglio 1972 si riunisce alla Banca d'Italia la commissione consultiva che ha l'incarico di prendere in esame i rapporti degli ispettori e «di formulare raccomandazioni al governatore». Le proposte sono di due tipi: denuncia alla magistratura della Banca Unione per le irregolarità contabili, per gli emolumenti agli amministratori, per l'acquisto di proprie azioni. Denuncia della Banca Privata Finanziaria per le operazioni irregolari, per le obbligazioni verso la banca contratte da esponenti aziendali. Qual è la decisione di Carli?

«Il governatore ha considerato che i fatti per i quali erano ravvisabili gli estremi di illecito di natura penale sono stati portati a conoscenza dell'autorità giudiziaria e che pertanto ogni responsabilità verrà accertata in quella sede. Ha quindi espresso l'avviso che nell'attuale difficile momento economico non sia opportuno inserire sulla piazza di Milano ulteriori motivi di disturbo, quali potrebbero essere rappresentati dalla sottoposizione della Banca Unione all'amministrazione straordinaria. Nessuno dei presenti ha espresso eccezioni o perplessità».

Davanti alla Commissione parlamentare d'inchiesta presieduta da Francesco De Martino, Guido Carli fa un'aggiunta importante: «Il governatore informa che Sindona ha deciso di trasferirsi negli Stati Uniti in seguito all'insuccesso conseguito nel tentativo di costituire una grande finanziaria attraverso la fusione delle piú antiche finanziarie italiane e di acquisire il controllo della maggiore delle banche di credito ordinario. Il governatore confida che la denuncia all'autorità giudiziaria e l'eventuale iniziativa da parte di quest'ultima inducano gli amministratori ad assumere comportamenti corretti»[19].

La Banca d'Italia rinuncia dunque alla misura piú grave, lo scioglimento degli organi amministrativi delle banche. Si accontenta di trasmettere un esposto-denuncia alla magistratura, sostiene che le perdite patrimoniali non sono particolarmente gravi; spera nella futura buona condotta di Sindona che sconfitto nell'operazione Bastogi, nella fusione con la Centrale, nella scalata all'Italcementi e alla Banca nazionale dell'agricoltura, ha deciso di trasferirsi negli Stati Uniti dove nel luglio 1972 ha acquistato la Franklin National Bank, la ventesima banca americana, in ordine d'importanza, fondata a Long Island, cresciuta a New York, con filiali a Nassau e a Londra.

La motivazione piú ragionata per evitare lo scioglimento delle banche è il timore di inserire elementi perturbatori sulla piazza di Milano: in nome dell'ordine si tollera uno spaventoso disordine e si avalla, facendo leva sui

[19] Commissione Sindona. Relazione di minoranza D'Alema, Minervini, Cafiero cit., p. 227.

buoni propositi del finanziere, la babele amministrativa che è stata scoperta dalla Vigilanza nelle banche sindoniane. La denuncia alla magistratura è stata fatta, la forma è salva.

Commenta Massimo Teodori nella sua relazione: «A nessuna delle logiche (e dovute) conseguenze giunge la Banca d'Italia. Con ritardo (per la Banca Unione il 24 marzo 1972 e per la Banca Privata Finanziaria il 26 febbraio 1973, dopo otto mesi) vengono segnalate le irregolarità alla magistratura la quale, tuttavia, non ha il compito di prendere provvedimenti amministrativi, spettando questi solo alla Banca d'Italia, ma solo iniziative di carattere penale. Queste, con il consueto iter lento, portano a un mandato di cattura spiccato nell'ottobre 1974, quando già Sindona era stato dichiarato fallito e aveva preso la via dell'estero»[20].

Secondo Teodori, la «Banca d'Italia con il suo massimo responsabile, il governatore Carli, ebbe molte occasioni negli anni precedenti il crack per impedire legittimamente che il sistema sindoniano continuasse ad agire in maniera perversa e selvaggia espandendo la propria area di potere ed influenza, semplicemente usando gli strumenti che la legge offriva in quel momento. Ma ciò comportava un tipo di decisione che non fu presa»[21].

Anche la relazione comunista firmata da Giuseppe D'Alema, Gustavo Minervini, Luca Cafiero è critica nei confronti della Banca d'Italia: «Sindona allora era un personaggio assai discusso, ma non era da molti guardato con sospetto o, per meglio dire, lo era quanto qualsiasi persona dalla carriera molto rapida e quindi assai disinvolta. Era giudicato come uno dei tanti personaggi, anche se certamente quello di maggior spicco, prodotti dall'Italia

[20] Commissione Sindona. Relazione di minoranza Teodori cit., p. 539.
[21] *Ibid.*, p. 538.

CAPITOLO QUARTO 63

del boom. La Banca d'Italia era la sola a conoscere per una parte non secondaria la natura delle operazioni di Sindona e i rischi che ne derivavano: aver rinunciato ad intervenire ha impedito quindi uno dei risultati che dovrebbero essere tipici della funzione della Vigilanza»[22].

Dopo il fallimento dell'operazione Bastogi, nell'impero Sindona si avverte qualche scricchiolio. Nel novembre 1971, gli Hambro fanno sapere a Michele Sindona che i rapporti tra loro devono finire. Rapidamente cedono tutte le loro partecipazioni: nell'Immobiliare, nella Centrale, nella Banca Privata Finanziaria. A Sindona viene così a mancare una stampella nobilitante che dai primi anni '60 in avanti ha avuto importanza nelle sue strategie. Il nome Hambro, prestigioso nel mondo finanziario, è servito ad aprirgli molte porte e a dargli quel lustro di cui aveva bisogno per ripararsi dalle accuse di scorrettezza.

«L'origine delle grandi fortune bancarie si ricollega generalmente alla conoscenza anticipata di alcuni eventi eccezionali e alla capacità di trarvi profitto. Così è per gli Hambro, questa famiglia di banchieri inglesi d'origine danese. Un loro antenato viene a sapere prima di ogni altro che la regina di Danimarca è morta. Si precipita al suo paese per farvi incetta di stoffa nera. Quando arriva la salma della regina si arricchisce. La preveggenza non servirà agli Hambro a far fortuna in Italia»[23].

Jocelyn Hambro, il presidente della Hambros Bank, corresponsabile delle operazioni italiane, lascia la banca e assume la presidenza della finanziaria di famiglia sostituito dal nipote Charles. John McCaffery si dimette dalla

---

[22] Commissione Sindona. Relazione di minoranza D'Alema, Minervini, Cafiero cit., p. 238.
[23] Lombard, *Soldi truccati. I segreti del sistema Sindona*, Feltrinelli, Milano 1980.

banca o è costretto a farlo. Ex dirigente dell'Intelligence Service, responsabile durante la seconda guerra mondiale della centrale di spionaggio inglese a Berna, collegato all'Oss americano, con una funzione di collegamento anche con la Resistenza italiana – è lui il Rossi cosí frequentemente citato negli scritti di Ferruccio Parri e in tutta la letteratura resistenziale – ha avuto un ruolo rilevante nei traffici di Sindona. I suoi contatti, le sue amicizie sono stati spesso determinanti.

Su Sindona, durante il divorzio dagli Hambro, girano voci non benevole. Si dice che il finanziere ha ingannato la Hambros Bank, che ha usato metodi mafiosi. Un dirigente della banca è piú diplomatico: «Non abbiamo mai perso un centesimo con Sindona, anzi. Con lui abbiamo guadagnato una montagna di soldi. Da questo punto di vista è stato molto corretto. Con Sindona entrammo in disaccordo perché aveva omesso di informarci riguardo alle società nelle quali avevamo interessi comuni. Aveva preso delle decisioni senza farcelo sapere. (...) Ci ha reso estremamente difficile fornire spiegazioni al consiglio d'amministrazione. (...) L'unica cosa che non fu molto apprezzata avvenne circa sei o sette mesi dopo che lo avevamo lasciato. Aveva comperato delle azioni della Hambros e minacciava di presentarsi e di far succedere un putiferio all'assemblea degli azionisti»[24].

E Sindona: «Molti degli affari che la Hambros faceva in Italia non venivano registrati in contabilità. Un esempio fu l'accordo per il controllo dell'Italcementi. Rinunciando al pacchetto azionario che la Hambros e io avevamo accumulato, mi fu possibile ottenere un profitto netto di circa dieci milioni di dollari. La Hambros era mia socia al settanta per cento nell'affare che avevamo portato a

---

[24] Testimonianza di Pietro Antonelli, dirigente e consigliere d'amministrazione della Hambros Bank, in Tosches, *Il mistero Sindona* cit.

CAPITOLO QUARTO

buon fine tramite la Distributor Holding S. A. del Lussemburgo. Cosí, dopo aver ritirato la mia quota, accreditai un po' dei 6 390 000 dollari alla Hambros. Il denaro fu trasferito alla Riegg Bank di Zurigo tramite la Irving Trust Company di New York. Questo e altri affari non furono contabilizzati. Le leggi bancarie sono state violate e gli azionisti della Hambros tenuti all'oscuro»[25].

Non c'è stata probabilmente una causa specifica nel divorzio tra la banca di Londra e Sindona: dall'acquisto della Banca Privata Finanziaria all'acquisto dell'Immobiliare e della Condotte d'acqua. I banchieri inglesi sono stati partecipi e piú che consenzienti nell'assalto all'Italcementi, alla Banca nazionale dell'agricoltura, alla Bastogi. L'obiettivo di costituire in Italia una banca d'affari di grande peso e dimensione li ha molto allettati, ma, fallito lo scopo, si ritirano in fretta: conoscono meglio di altri la situazione e possono anche essere stati messi in guardia da responsabili dell'economia italiana.

Dopo l'Hambros Bank escono prontamente di scena altri istituti di credito internazionale. La National Westminster Bank si rende conto dei rischi delle operazioni di cambi alterate, false, fittizie, per cifre enormi e si libera in fretta dai contratti in cambi con le due banche sindoniane. Nel 1973, la Commissione federale delle banche svizzere scopre qual è la situazione della Finabank e dà un ultimatum a Sindona: 48 ore di tempo per chiudere definitivamente un'altra delle sue società fantasma, la Liberalfinco, pena la dichiarazione di fallimento della Finabank.

«Sindona comincia quindi a far sorgere qualcosa di piú di semplici sospetti negli ambienti bancari internazionali. Ma mentre lo abbandonano i nomi dell'alta finanza mondiale si rafforzano le sue amicizie interne. Non ci sono ele-

---

[25] Testimonianza di Michele Sindona, in Tosches, *Il mistero Sindona* cit.

menti per affermare se c'è un nesso di causalità, ma certo c'è una coincidenza temporale fra la rottura di quelle alleanze e il disegno di cercare saldi e organici rapporti con i partiti politici e in particolare con la Democrazia cristiana. È quindi un'ipotesi ragionevole che Sindona, una volta persa la battaglia con la finanza privata, non rinunci ai suoi ambiziosi progetti e cerchi nuovi alleati negli uomini politici con i quali aveva avuto fino a quel momento rapporti sporadici – e con il mondo imprenditoriale a questo piú vicino, cioè gli enti pubblici, le partecipazioni statali»[26].

Due fatti sembrano provare la tesi dei commissari comunisti. Nel 1973 i depositi che le banche sindoniane ricevono da aziende del gruppo Iri e da enti pubblici in genere ottengono tassi crescenti, superiori a quelli previsti dal cartello bancario. Vengono da allora pagate provvigioni e tangenti con percentuali diverse secondo le somme depositate[27].

E poi, proprio quell'anno, l'8 novembre 1973, il genero di Sindona, Pier Sandro Magnoni scrive una lettera a Giulio Andreotti: «La mia profonda impressione su quanto Ella ha voluto suggerirci riguardo alla strategia che il nostro gruppo vuole seguire in Italia, mi autorizza a pensare di avere noi, se mi consente, un sincero amico in Lei e un formidabile esperto con cui poter concordare di volta in volta le decisioni piú importanti»[28].

La situazione delle banche di Sindona, nel 1973 è drammatica. Il 30 luglio – lo scrive Giorgio Ambrosoli nella sua

[26] Commissione Sindona. Relazione di minoranza D'Alema, Minervini, Cafiero cit., p. 238.
[27] *Ibid.*, p. 239.
[28] *Ibid.*, p. 367.

CAPITOLO QUARTO

seconda relazione al giudice istruttore – le due banche sono in stato di insolvenza.

Sindona non si dà certo per vinto, si muove anzi come un ossesso e mette in moto tutta una serie di operazioni. Le società Edilcentro e Sviluppo decidono la fusione, i soci stranieri della Sviluppo cedono le loro quote di partecipazione. La successiva fusione tra l'Immobiliare e l'Edilcentro-Sviluppo è sostenuta da tutti gli istituti di diritto pubblico, avallata dal governatore Carli perché «risponde ad una concezione di ampio respiro e come tale meritevole di essere approvata».

Sindona fa tutta una serie di operazioni sbagliate in Borsa, sul mercato dei cambi e sul mercato delle materie prime. Si indebita massicciamente, va alla ricerca di soldi dove può e come può negli enti pubblici che li depositano nelle banche sindoniane e ricevono prestiti dalla Franklin National Bank. Si rivela in questo modo qual è l'intreccio tra il sistema sindoniano e le banche e gli istituti finanziari. I rapporti personali sono influenti: nel 1981 risulterà che molti dei dirigenti e dei funzionari di questi istituti pubblici sono iscritti nelle liste della P2.

L'operazione Finambro è l'ultima carta di Sindona. Con la disperazione e la forza di un giocatore sconfitto, il finanziere punta tutto se stesso per rifarsi e ricominciare la sua avventurosa girandola.

La società Finambro è una finanziaria costituita neppure un anno prima, il 26 ottobre 1972, con un capitale di un milione di lire sottoscritto da due ignoti, Maria Sebastiani e Cosimo Viscuso. Sindona, per il suo nuovo piano, ha bisogno di una finanziaria già in funzione e ne prende il controllo.

Il 6 giugno 1973, l'assemblea straordinaria della società delibera cosí l'aumento del capitale da un milione a 500 milioni di lire. Lo stesso giorno l'assemblea straordinaria dispone un ulteriore aumento del capitale da 500 milioni a 20 miliardi, giustificando l'incremento del capitale di rischio con il fine di «effettuare e completare investimenti in partecipazioni». Il 3 agosto, l'assemblea straordinaria delibera un terzo aumento di capitale, da 20 miliardi a 160 miliardi di lire e motiva la richiesta di nuove sottoscrizioni con la decisione di «effettuare una importante operazione finanziaria e precisamente l'acquisto del pacchetto di maggioranza relativa e di controllo della Società Generale Immobiliare».

In una riunione che si tiene alla Banca d'Italia nello stesso giorno, Sindona sollecita l'autorizzazione all'aumento del capitale della Finambro. Dichiara che le azioni della finanziaria non sarebbero state trattate in Borsa non avendo la società presentato alcun bilancio, come prescrive la legge; che le azioni sarebbero state emesse alla pari senza alcun sovrapprezzo e sarebbero state sottoscritte, in maggior parte, da non residenti; che la Finambro, infine, si sarebbe impegnata a sottoporre i propri bilanci alla revisione di una società specializzata[29].

Sindona comunica anche che sono stati effettuati, dall'estero in Italia, trasferimenti di denaro – 50 miliardi – da destinare all'aumento del capitale Finambro, anche per contribuire al riequilibrio della bilancia dei pagamenti. (I trasferimenti di denaro non avverranno mai).

Il governatore della Banca d'Italia Guido Carli racconta cosí l'avventura della Finambro: «Il 3 agosto, ossia il giorno stesso nel quale la Società Finambro deliberò l'aumento di capitale a 160 miliardi, l'avvocato Sindona si recò alla Banca d'Italia e ci illustrò il progetto di aumento del capitale e le sue finalità. Risposi che non avevo preso

[29] Commissione Sindona. Relazione conclusiva Azzaro cit., p. 26.

CAPITOLO QUARTO

visione della domanda, né potevo averne preso visione poiché gli organi della Società deliberavano in quello stesso giorno; conseguentemente non esprimevo alcun parere. Avvertii che gli aumenti di capitale delle società finanziarie non sarebbero stati accordati fino a quando non fossero state approvate nuove norme sul mercato mobiliare comprendenti disposizioni piú rigorose riguardanti le società finanziarie. L'autorità amministrativa non disponeva dei poteri necessari per vincolare queste società a comportamenti conformi ad assicurare un ordinato svolgimento delle Operazioni di Borsa. Del colloquio fu redatto processo verbale; fu letto all'avvocato Sindona; fu consegnato al ministro del Tesoro. È in atti. Sindona indicò alcune condizioni che sarebbero state osservate qualora fosse stato autorizzato l'aumento di capitale. Ne presi atto e affermai che avrei riferito in proposito al Comitato Interministeriale per il Credito e il Risparmio quando avesse esaminato la pratica»[30].

[30] Guido Carli, prefazione a Cantoni, *1973-1974 il terremoto monetario* cit.

Capitolo quinto

Il clima del paese è inquieto, il governo Andreotti rende piú acuta la crisi, tra cinismi, lassismi, strizzate d'occhio, bastoni e carote. La classe dirigente di governo è incapace di capire l'avvenuto cambio di una generazione diventata adulta, matura. Dopo le esperienze fatte nei movimenti di protesta si è riaggregata in buona parte nel partito comunista, rifiuta con fastidio arcaicità e furbizie, interpreta con chiarezza, ormai, il disegno delle stragi e della violenza che da anni tormenta il paese in nome della perpetuazione del potere.

La svolta a destra e la politica conservatrice non riescono a rendere stabile il governo. L'opposizione è sempre piú dura. Nei primi mesi del 1973 è ripresa l'azione operaia nelle fabbriche, la Dc è divisa al suo interno, incerta sulle strade da imboccare per superare la crisi. Le piazze sono in fermento, il governo viene battuto piú volte alle Camere. Nella Dc prevale Fanfani eletto segretario del partito. In luglio Andreotti si dimette, Mariano Rumor forma un nuovo governo, la Dc torna al centro-sinistra con socialisti, repubblicani, socialdemocratici. Tra i nuovi ministri, Paolo Emilio Taviani agli Interni, Ugo La Malfa al Tesoro, Aldo Moro agli Esteri, Mario Tanassi alla Difesa.

La finanza laica, come viene chiamato il mondo economico che fa riferimento a Mediobanca, alla Banca Commerciale, al Credito Italiano, ha, col nuovo ministero, un

CAPITOLO QUINTO

peso maggiore. La Malfa è un leale servitore dello Stato, il governo Rumor non è piattamente favorevole alle operazioni di Sindona maturate ai tempi del governo Andreotti e della sua protezione.

La questione Finambro diventa uno dei temi dello scontro politico, coinvolge i partiti, la Democrazia cristiana in particolare, coinvolge il sistema politico e il sistema dell'informazione che si sta liberando da antichi torpori, timidezze, dipendenze, subalternità ed è attento, persino aggressivo. Il «Corriere della sera», «La Stampa», «Il Messaggero», con altri quotidiani e settimanali, stanno riacquistando il piacere della libertà. I tradizionali ceti dominanti sono preoccupati.

Sindona mette in moto tutta la sua forza di pressione e di corruzione. Lo riconosce la relazione conclusiva della Commissione parlamentare d'inchiesta firmata dal deputato democristiano Giuseppe Azzaro: «Per ottenere l'autorizzazione all'aumento di capitale della Finambro, Michele Sindona e il suo gruppo devono aver utilizzato tutti i canali allora praticabili, perché l'operazione era essenziale per la sopravvivenza del gruppo e, specificamente, della Banca Privata Finanziaria e della Banca Unione[1].

Racconta Guido Carli: «Nel luglio 1973 il ministro del Tesoro on. La Malfa, d'accordo con me aveva sospeso temporaneamente le autorizzazioni agli aumenti di capitale; nell'ottobre successivo revocò la sospensiva limitatamente alle società direttamente produttive e a esse soltanto; in esecuzione di questa direttiva il ministro del Tesoro e la Banca d'Italia non autorizzarono l'aumento di capitale della Società Finambro. Il Ministro non credette opportuno sottoporre l'intera questione al Comitato Inter-

[1] Commissione Sindona. Relazione conclusiva Azzaro cit., p. 28.

ministeriale per il Credito e il Risparmio e ciò suscitò proteste insieme a inviti a convocare il Comitato»[2].

È un'estate infuocata. La Malfa predica prudenza. Vede Fanfani, gli dice che sta seguendo la vicenda Finambro «con grande attenzione ed equilibrio» e che occorre procedere con cautela. Il 28 agosto, La Malfa, che è al centro di tutti gli allettamenti, invia un appunto al governatore: «Caro Carli, ancora una pressione per la Finambro con la consegna del memoriale che ti allego in copia. Mezza Italia si sta muovendo per questa operazione, il che mi rende ancora più diffidente»[3].

Sindona va da Fanfani a perorare la causa della Finambro. Fanfani, che conosce l'orientamento di La Malfa, lo chiama al telefono e gli chiede di ricevere Sindona.

Fa ascoltare a Sindona la telefonata che sta facendo oppure no? Sindona resta seduto in poltrona e si alza a orecchiare sulla spalla di Fanfani seduto? O Fanfani fa ascoltare la telefonata a Sindona da un impianto di amplificazione?

Sembra un'opera buffa. La Commissione parlamentare crede alla versione del segretario democristiano: «Fanfani ha smentito di aver permesso a Michele Sindona di avvicinarsi all'apparecchio – "era e rimase in poltrona" – e altresí di aver fatto qualsiasi opera di convincimento per il rilascio dell'autorizzazione. (...) Il senatore Fanfani, che ha dichiarato di non aver mai incontrato prima Sindona, ritenne opportuno interpellare Andreotti e Carli ai quali Sindona affermava di essersi rivolto in precedenza; e Carli e Andreotti confermarono buone informazioni sul personaggio. Carli gli dichiarò inoltre – ha concluso il senatore

[2] Guido Carli, prefazione a Cantoni, *1973-1974 il terremoto monetario* cit.
[3] Commissione Sindona. Relazione di minoranza D'Alema, Minervini, Cafiero cit., p. 245.

CAPITOLO QUINTO

Fanfani – che la Banca d'Italia stava studiando il problema»[4].

È anche un balletto, un andare e venire di ministri, sottosegretari, deputati, senatori, presidenti di enti, arcivescovi, semplici monsignori, generali, tirapiedi, spicciafaccende, spie, portaparola. La Procura della Repubblica di Roma informa riservatamente il ministro del Tesoro e la Banca d'Italia che la Finambro, prima di ogni autorizzazione, sta già negoziando titoli in Borsa. Gli uomini del sistema Sindona passano dallo sconforto alla speranza. La politica dei corridoi e delle stanze chiuse vive uno dei suoi momenti piú intensi. Come la politica dell'intermediazione e dello scambio.

La Malfa sta studiando la questione che si inserisce nella questione piú generale della riforma della Borsa e delle società finanziarie. La crisi energetica sta per strangolare il paese. Si intravedono all'orizzonte crudi anni di crisi, di astinenza, di violenza. Ma una metà almeno della classe dirigente italiana è soprattutto preoccupata dell'aumento di capitale della società Finambro.

Racconta ancora Carli: «Gli studi si conclusero il 19 novembre 1973 e in quel giorno consegnai al ministro del Tesoro La Malfa la prima bozza di disegno di legge sulla istituzione di una Commissione nazionale per le società e la Borsa, sulla definizione dei suoi poteri e sull'obbligo di informazione da parte delle società. (...) Mi sembrava arrivato il momento di mettere fine al lungo silenzio e di comunicare dei sí e dei no espliciti ai proponenti le istanze; quando l'esame avesse dimostrato la loro conformità ai criteri fissati dal Comitato sarebbero state accolte; negli altri casi sarebbero state respinte»[5].

[4] Commissione Sindona. Relazione conclusiva Azzaro cit., p. 28.
[5] Guido Carli, prefazione a Cantoni, *1973-1974 il terremoto monetario* cit.

È il no all'aumento del capitale della Finambro. Per Sindona un colpo al cuore: attribuirà la responsabilità della sua sconfitta a Ugo La Malfa consigliato, dirà, da Enrico Cuccia, l'amministratore delegato di Mediobanca.

Ancora un anno dopo, il 25 ottobre 1974, La Malfa sentirà il bisogno di chiarire pubblicamente il ruolo da lui avuto sulla questione Finambro, in una lettera al «Corriere della sera»: «Non vi è stata mai, in effetti, una mia presa di posizione rispetto al "caso Sindona" in sé considerato... ma c'è stata una mia presa di posizione verso situazioni generali nelle quali le imprese Sindona si collocavano. Nel luglio dell'anno scorso, costituitosi appena il governo Rumor con un impegno prioritario di lotta all'inflazione, la prima decisione che presi fu quella di non consentire, avvalendomi della facoltà di procedura d'urgenza il cui esempio è previsto dalla legge, aumenti di capitale alle società finanziarie e alle società anche non finanziarie i cui titoli fossero quotati in Borsa... I riflessi di questa decisione non riguardano soltanto la richiesta di aumento di capitale della Finambro... ma quella di altre società...»

Il 1974 è un anno di violenza e di scandali. A Genova alcune compagnie petrolifere hanno dato soldi a personaggi politici, in gran parte democristiani, in cambio di favorevoli provvedimenti di legge. Un'ondata di indignazione moralizzatrice affretta i tempi di una legge che regola il finanziamento pubblico dei partiti.

A Padova un giudice, Giovanni Tamburino, svela la trama di una cospirazione, «La rosa dei venti», un'organizzazione che si propone di formare con un colpo di Stato un governo autoritario e presidenzialista. Sono coinvolti nel complotto generali italiani e americani, uomi-

CAPITOLO QUINTO 75

ni dei servizi segreti, il Sid parallelo, politici, finanzieri, gruppi massonici, imprenditori, neofascisti, delinquenti comuni. Secondo il progetto, Michele Sindona è destinato a diventare ministro delle finanze. Il magistrato arresta il capo del Sid, generale Vito Miceli. La Suprema Corte di Cassazione toglie l'inchiesta al giudice di Padova che è arrivato a scoprire scottanti verità, confermate nel 1990, e l'affida per competenza all'ufficio istruzione del Tribunale di Roma. Tutto s'insabbia[6].

A Genova, il 18 aprile, le Brigate rosse sequestrano un giudice, Mario Sossi, lo rilasciano indenne dopo 35 giorni acquistando notorietà nazionale e simpatie negli strati giovanili.

A Brescia, il 28 maggio, in piazza della Loggia, durante una manifestazione sindacale contro la violenza fascista esplode una bomba: una strage, 8 morti e 94 feriti.

A San Benedetto Val di Sambro, il 4 agosto, un'altra strage. Una bomba collocata sul treno Italicus, il direttissimo del Brennero, esplode sugli Appennini, tra Firenze e Bologna: 12 morti, piú di 50 feriti.

Il referendum per il divorzio del 12 maggio è l'evento politico del 1974. Fanfani gioca la sua rivincita. Spera in-

[6] La Corte d'Assise di Roma il 30 maggio 1977 assolve il generale Miceli e condanna gli imputati minori. La Corte d' Assise d'appello, il 27 novembre 1984 assolve tutti gli imputati «perché il fatto non sussiste». Secondo la confessione resa al giudice Giovanni Tamburino da uno degli imputati, Roberto Cavallaro, Sindona rappresentava il riferimento finanziario del gruppo militare-civile anticomunista che progettava un «cambiamento politico-radicale» in Italia. In una villa di Sindona, nel Vicentino, ci sarebbero stati due o tre incontri del gruppo nostrano con ufficiali superiori e generali americani. Hanno parlato di Sindona anche altri imputati: Giancarlo De Marchi, il tenente colonnello Amos Spiazzi. Della «Rosa dei venti» si è riparlato nell'autunno-inverno 1990 quando è stata rivelata dalla Commissione parlamentare stragi l'operazione Gladio, un'organizzazione anticomunista creata e gestita negli anni '50 dai servizi segreti italiani, dalla Cia americana e dalla Nato per far fronte a un'invasione militare sovietica e delle truppe del Patto di Varsavia e per far fronte a «sovvertimenti interni».

fatti in un rilancio della Dc: «Dopo aver fallito per ben due volte, nel 1964 e nel 1971, l'obbiettivo di conquistare la Presidenza della Repubblica, egli scelse di abbandonare definitivamente la sua consolidata immagine di uomo di centro-sinistra in favore di un approccio che si rifacesse ai valori cattolici tradizionali. Le elezioni del 1972 gli erano sembrate un segnale di come sarebbero potute andare adesso le cose, visto che i due partiti antidivorzisti, la Dc e il Msi, avevano ottenuto insieme il 47,4 per cento dei voti; sarebbe bastato poco, pensò Fanfani, per far pendere la bilancia in loro favore»[7].

La campagna elettorale è furibonda. Fanfani non si risparmia. A Enna dichiara che col divorzio si mette in discussione la sopravvivenza della famiglia italiana, «cellula di base, strumento di progresso, garanzia di continuità, fecondatrice della terra, genitrice, focolare capace di riscaldare idee e affetti, culla della santità piú fervida». A Caltanissetta intona cupi presagi: «Se il divorzio passerà, in Italia sarà perfino possibile il matrimonio fra omosessuali e magari vostra moglie vi lascerà per scappare con qualche ragazzina»[8].

Nonostante la violenta campagna elettorale e le previsioni dei dirigenti comunisti timorosi delle scelte del loro elettorato femminile, vince il divorzio: il 59,26 per cento degli italiani vota a favore.

L'acuta crisi economica rende piú profonda la crisi politica: «Le banche italiane subirono prelievi di depositi da banche estere per dieci miliardi di dollari. Vi fecero fronte smobilitando le contropartite estere. In quello stesso periodo la stampa internazionale descriveva le condizioni italiane in termini drammatici. "Frankfurter Zeitung":

[7] Ginsborg, *Storia d'Italia dal dopoguerra a oggi* cit.
[8] Giorgio Galli, *Fanfani*, Feltrinelli, Milano 1975.

CAPITOLO QUINTO

"L'Italia manovra sull'orlo dell'abisso"; "Die Welt": "Danza sull'orlo dell'abisso", "Cinque minuti prima delle dodici"; "Le Monde": "Italia sull'orlo del fallimento", "Le Figaro": "Autopsia del fallimento all'italiana". Non soltanto si esprimevano timori sull'economia italiana e sul suo complesso, ma anche sulle singole istituzioni creditizie. I dubbi investivano banche piccole e medie, ma anche una grande fu lambita»[9].

Michele Sindona è ancora un uomo immensamente ricco e potente. Oltre alle banche possiede la Società Generale Immobiliare, l'Edilcentro-Sviluppo, la Ciga, la Venchi Unica, la Smeriglio. Si rassegna alla politica del piede di casa. Sa bene, infatti, che nuvole nere stanno addensandosi anche sulla Franklin National Bank. E cerca alleati in Italia tra gli uomini del partito che gli è piú congeniale, la Democrazia cristiana. Sono i mesi che precedono il referendum per il divorzio ed è davvero benedetto, un uomo della Provvidenza, un nuovo banchiere di Dio, Michele Sindona, quando promette soldi, finanziamenti, mutui gratuiti, come ama chiamarli.

Il 2, il 9 e il 17 aprile 1974 apre tre libretti di risparmio al portatore, «Rumenia» n. 4484, «Primavera» n. 4502 e «Lavaredo» n. 4514 presso la filiale romana della banca Privata Finanziaria per una somma complessiva di due miliardi di lire. Il giorno successivo un funzionario della banca estingue i tre libretti. Dal libretto «Rumenia» viene ritirato un miliardo in contanti, dal libretto «Primavera» viene tratto un mazzetto di assegni circolari per mezzo miliardo intestati a Mario Bianchi, Giuseppe Negri, Antonio Colombo, Giandomenico Rossi, Giacomo Bian-

[9] Guido Carli, prefazione a Cantoni, *1973-1974 il terremoto monetario* cit.

chi. Il mezzo miliardo del libretto «Lavaredo» viene trasferito a Pier Sandro Magnoni, il genero di Sindona[10].

Poi i soldi vengono consegnati all'avvocato Raffaello Scarpitti, mandatario del segretario amministrativo della Dc e qui c'è un piccolo garbuglio. I soldi furono consegnati nella sede della banca o nella sede della Dc all'Eur dove l'avvocato Scarpitti arriva con un autista? Il giallo è di poco conto, come è di poco conto sapere con scientifica esattezza chi si nasconde dietro quelle sigle cosí caserecce che fanno ricordare nomi famosi di leader e di correnti della Dc. Conta invece sapere che quei soldi allora non furono restituiti, nonostante Filippo Micheli, il segretario amministrativo del partito, abbia detto di aver consegnato a Sindona due miliardi in contanti nella sede della Dc in piazza del Gesú. Qualche mese dopo, senza testimoni, senza ricevuta.

Dopo il crack, Sindona rivuole i suoi soldi e ne approfitta per coinvolgere Fanfani. E Fanfani, infastidito e intimorito, manda a New York l'avvocato Giuseppe Bucciante: «Il professor Fanfani (...) poiché si faceva sempre piú aggressiva la minaccia di scandali, mi propose di raggiungere il lupo nella tana, soprattutto allo scopo di porre fine al ricatto con cui Sindona pretendeva da lui ciò che in sostanza riguardava la Democrazia cristiana e, in particolare, il segretario amministrativo del partito che peraltro quel denaro affermava di avere restituito. (...) Abbiamo ancora un ricordo esatto della persona che ci venne incontro con un tratto molto signorile e disinvolto. L'amabilità dell'ospite ci mise subito a nostro agio, ma non ci permise di dissipare il sospetto che la sala fosse dotata di cellule microfoniche per raccogliere ogni nostra parola. Sindona non esitò in termini assai crudi a esprimere la fer-

---

[10] Commissione Sindona. Relazione conclusiva Azzaro cit., p. 60.

CAPITOLO QUINTO

ma volontà di opporsi alle "inaudite forme di aggressione con cui si tentava di distruggerlo". (...) Poi Sindona riprese il suo tono garbato e cordiale. Ci infilammo nel discorso (...) con una domanda improvvisa: "Il professor Fanfani vuole sapere se lei ha effettivamente avuto la restituzione dei due miliardi come il segretario amministrativo afferma". (...) "È proprio necessario che io le risponda? Non solo non ho avuto un soldo, ma Micheli è venuto qui a New York, l'ho fatto pregare di venire da me e non si è fatto vivo"»[11].

(I due miliardi sono stati restituiti, dopo una transazione, solo negli anni '80).

C'è anche chi, come Carlo Bordoni, il «mago dei cambi», sostiene che tra la fine di marzo e i primi di aprile del 1974, i miliardi versati da Sindona alla Dc sono stati undici, non soltanto due. La notizia gli viene da Sindona e da Magnoni che smentisce. La contropartita sarebbe la nomina di Mario Barone ad amministratore delegato del Banco di Roma. La Commissione d'inchiesta lascia cadere l'accusa anche se Barone in quel periodo assicura alle banche sindoniane un flusso di liquidità di 50 miliardi di lire. Sindona, al Grand Hotel di Roma, il suo quartier generale, brinda alla nomina di Barone dopo aver fatto telefonate di ringraziamento a Fanfani e ad Andreotti. Fanfani rigetta la paternità della nomina: Barone non è un suo uomo, è un uomo di Andreotti.

Scrive Massimo Teodori nella sua relazione di minoranza: «La nomina nel marzo 1974 di Mario Barone ad amministratore delegato del Banco di Roma, con una procedura innovativa avallata dall'Iri, che porta da due a tre gli amministratori delegati, deve essere inquadrata, se-

[11] Giuseppe Bucciante, *Il Palazzo*, Leonardo, Milano 1989.

condo alcune dichiarazioni, anche come il frutto delle pressioni di Sindona al fine di mettere un uomo in qualche modo a lui collegato al vertice di una delle tre banche di interesse nazionale. Certo è che Barone è protetto da Giulio Andreotti, che in questo periodo si avvale della "consulenza" di Sindona; e che la nomina di Barone risulta dovuta proprio alla pressione di Andreotti come esplicitamente dichiara Fanfani di fronte alla Commissione»[12].

Poi, nell'estate del 1974 i fatti assumono un'accelerazione scomposta.

In maggio, la Securities and Exchange Commission sospende la Franklin National Bank dalle quotazioni in Borsa. In giugno i governatori delle banche centrali si riuniscono a Basilea e fissano i criteri di intervento a sostegno delle banche che rischiano il dissesto per ragioni di mercato escludendo le banche in difficoltà per operazioni azzardate e cattiva amministrazione. La Banca d'Italia ha a disposizione due strumenti nei confronti di Sindona: la gestione straordinaria e la liquidazione coatta amministrativa. Ma il governatore Carli è prudente, rifugge dalle soluzioni estreme, punta sulle soluzioni ovattate che in nome della liquidità e della stabilità del sistema non creano scandalo, allarme, ritiri di depositi, situazioni incontrollabili e non coinvolgono la classe dirigente di governo.

È la piú grave crisi bancaria del dopoguerra. La relazione di minoranza D'Alema, Minervini, Cafiero è severa nei confronti del governatore: «Ancora una volta si potrebbe chiedere, analogamente a quanto fatto per le vicende del 1972, se l'ipotesi dell'intervento drastico è stata scartata per l'incapacità politica della Banca d'Italia di infliggere

[12] Commissione Sindona. Relazione di minoranza Teodori cit., p. 533.

CAPITOLO QUINTO 81

un colpo cosí duro a un avversario che godeva ancora di altissime protezioni e che, almeno in Italia, aveva ancora in essere una serie di rapporti con banche di primaria importanza»[13].

Il 10 giugno, a New York, Sindona chiede a Ferdinando Ventriglia e agli altri due amministratori delegati del Banco di Roma, Mario Barone e Giovanni Guidi, un ingente prestito in valuta. Il 17 giugno, nuovo incontro a Roma: «Il Banco di Roma-Nassau avrebbe dovuto erogare un prestito dell'importo di 100 milioni di dollari alla Generale Immobiliare Banking Corporation, prestito con garanzia reale rappresentata dalla dazione in pegno del pacchetto di maggioranza azionaria della Banca Unione da parte della Fasco, società lussemburghese del gruppo Sindona, e di azioni della Società Generale Immobiliare»[14].

La burocrazia sa essere rapida ed efficiente, coi soldi della collettività. Non ha bisogno di chiedere informazioni. Sindona è persona cosí nota! Non deve costruirsi la casa o allargare la stalla. Le sue aziende non godono buona salute? L'interesse di partito prima di tutto.

Il 20 giugno, l'operazione va in porto e viene pagata la prima tranche dei 100 milioni di dollari. Alla fine di giugno si diffondono a Milano voci preoccupate sulle banche sindoniane. Bordoni ha fatto operazioni in cambi a termine per miliardi di dollari che non risultano in contabilità. Il 5 luglio, Sindona dà di persona gravi notizie al governatore: «Mentre portavo a termine l'operazione col Banco di Roma, il Bordoni mi comunicò le ingenti perdite che stavano maturando sulla Edilcentro e sulle banche mila-

---

[13] Commissione Sindona. Relazione di minoranza D'Alema, Minervini, Cafiero cit., p. 250.
[14] *Ibid.*, p. 296.

nesi per operazioni in cambi e in *commodities*... Mi precipitai immediatamente da Carli al quale comunicai la situazione dopo aver chiesto (...) un prospetto piú specifico di quello confusamente riferitomi dal Bordoni. Carli si mostrò preoccupato, mi rimproverò aspramente per la fiducia che avevo continuato ad avere in Bordoni e mi disse che era comunque sua intenzione salvare le banche. In mia presenza chiamò il Banco di Roma dandomi appuntamento per il pomeriggio per riferirmi sull'evoluzione della situazione. Mi chiese altresí se ero disposto a cedere le banche. Gli risposi affermativamente in quanto ero sicuro che avrei trovato un punto di accordo con il Banco di Roma» [15].

Il 4 luglio, il governatore consiglia al Banco di Roma di seguitare a pagare il prestito, la seconda tranche dei 100 milioni di dollari. Uomini del Banco di Roma vengono messi ai vertici della Banca Unione. Dal 10 luglio, poi, una quarantina di funzionari del Banco di Roma cominciano a lavorare – ispettori mascherati o creditori che prendono possesso della cosa pignorata – nella sede della Banca Unione. Ambrosoli manifesterà piú tardi il suo stupore: «È spiegabile – scriverà nella sua prima relazione al giudice istruttore – che il Banco di Roma che da fine giugno 1974 aveva in pugno il pacchetto di maggioranza della Banca Unione, solo il 10 luglio abbia potuto inserire propri uomini nell'organico di Banca Unione, ma è inspiegabile come la maggior partecipazione di quest'ultima, la Banca Privata Finanziaria, sia stata lasciata nelle mani del gruppo Sindona per tutto il mese di luglio, pur sapendo perfettamente che la Privata Finanziaria era il braccio piú importante dello stesso gruppo».

---

[15] Testimonianza di Michele Sindona, in Commissione Sindona. Relazione di minoranza D'Alema, Minervini, Cafiero cit., p. 251.

CAPITOLO QUINTO

L'intero sistema internazionale sta rompendo i rapporti con Sindona. Istituti di credito di tutto il mondo chiedono garanzie sui loro depositi e rifiutano di eseguire ordini di pagamento.

Le notizie sono sempre piú allarmanti: «Prosegue l'emorragia di fondi. Solo Banca Unione perde dall'1 al 15 luglio, 27,3 miliardi di depositi e 13,3 miliardi di raccolta interbancaria. Emerge poi in tutta la sua gravità il problema dell'inesigibilità di tutta quella parte dell'attivo costituita dai depositi fiduciari. Emergono tutte le gravissime irregolarità che caratterizzavano da sempre le due banche»[16].

Il 19 luglio, il responsabile del Servizio estero della Banca Privata Finanziaria, Nicola Biase, invia una lettera-denuncia al nuovo amministratore delegato che gli costerà minacce per sé e per i figli: «Il 99 per cento dei nostri depositi con banche estere sono fittizi in quanto esiste sempre un rapporto fiduciario sottostante, al fine di permettere alle anzidette società di comodo di ottenere finanziamenti che non sarebbero mai stati loro concessi e in considerazione del loro stato patrimoniale»[17].

Gli ispettori della Vigilanza della Banca d'Italia arrivati durante l'estate costruiscono in poco tempo un quadro che sembra inverosimile sulla situazione delle due banche. Scrivono nei loro rapporti che le banche hanno perduto il patrimonio (22 028 milioni) totalmente assorbito dalle perdite (28 455 milioni) e che esistono 14 089 milioni di dubbio realizzo. Alla Banca Privata Finanziaria le perdite toccano i 119 miliardi, il capitale è di 3,75 miliardi. Gli ispettori mettono in luce non solo le perdite irreparabili, ma soprattutto le tecniche, i metodi operativi, le costanti

---

[16] Commissione Sindona. Relazione di minoranza D'Alema, Minervini, Cafiero cit., p. 261.
[17] Commissione Sindona. Relazione conclusiva Azzaro cit., p. 43.

violazioni delle leggi, il groviglio delle operazioni, le irregolarità amministrative e valutarie.

Il governatore rifiuta di nuovo di prendere misure straordinarie. Spera di poter controllare la situazione attraverso il Banco di Roma.

«Il governatore considera il lavoro svolto dal Banco di Roma come una fase, sia pure informale, di gestione straordinaria dell'azienda in dissesto»[18].

Ventriglia e i dirigenti del Banco di Roma si ritengono «il braccio operativo della Banca d'Italia»[19].

Nel 1973, Sindona aveva già avviato un'altra operazione: l'aumento del capitale sociale della Banca Unione per dar vita alla fusione tra le due banche sindoniane, l'incorporazione della Banca Privata Finanziaria nella Banca Unione. Il vero fine era quello di procacciar denaro e di non perdere la maggioranza della Banca Privata Finanziaria dopo l'uscita di scena della Hambros Bank e della Continental. Il pacchetto azionario della Banca Privata Finanziaria era infatti di proprietà del gruppo Sindona, la partecipazione di Sindona nella Banca Unione ammontava invece al 51 per cento. Gli altri azionisti della Banca Unione avrebbero dovuto pagare e il ricavato sarebbe andato a beneficio di Sindona.

Il 27 novembre 1973, l'assemblea straordinaria dei soci della Banca Unione deliberava l'aumento del capitale. Il 21 dicembre, le assemblee straordinarie dei soci delle due banche approvavano la fusione – la Banca Unione sborsava 12 miliardi – il ministro del Tesoro concedeva le autorizzazioni necessarie e il 29 luglio 1974, mentre la crisi è al

---

[18] Commissione Sindona. Relazione di minoranza D'Alema, Minervini, Cafiero cit., p. 253.
[19] *Ibid.*, p. 281.

CAPITOLO QUINTO

culmine, la Banca d'Italia dava il nulla osta per l'incorporazione della Banca Privata Finanziaria nella Banca Unione.

«Se il fine dell'aumento di capitale e della fusione è stato come si ritiene quello di dare liquidità al gruppo di controllo costringendo i soci di minoranza a sottoscrivere l'aumento, detto fine era fraudolento se il valore della Banca Privata Finanziaria era inferiore al prezzo di 12 miliardi pagati da Banca Unione», scrive Giorgio Ambrosoli nella sua seconda relazione al giudice istruttore.

«Quando il primo agosto si procedette alla fusione tra Banca Unione e Banca Privata Finanziaria, il patrimonio di entrambe le società era completamente inesistente», commenta la relazione conclusiva della Commissione parlamentare d'inchiesta.

La nuova banca prende il nome di Banca Privata Italiana.

La storia di Sindona è ricca di misteri e ognuno serve a disegnare i comportamenti di una classe dirigente e le umane debolezze. Il 28 agosto 1974, nel pieno di quell'estate che sembra non finire mai, si tiene alla Banca d'Italia una riunione alla quale prendono parte Carli, Ventriglia, Barone, il presidente del collegio sindacale del Banco di Roma Tancredi Bianchi, alti dirigenti della Banca d'Italia e il direttore centrale del Banco di Roma Pier Luciano Puddu, protagonista o meglio angelo portatore di un giallo senza esito, il tabulato dei 500.

«Scopo della riunione – è scritto in un appunto – era quello di valutare alcune informazioni intorno alla situazione della Banca Privata Italiana e a tal fine il professor Ventriglia ha esibito al governatore il prospetto qui accluso compilato a mezzo di funzionari del Banco di Roma, riflettente le posizioni in valuta della predetta Banca Privata Italiana alla sera del 26 agosto. Dall'esame di tale prospetto emerge che lo sbilancio deriva da crediti verso società del gruppo Sindona che sono di impossibile esazione; da perdite su affari ormai conclusi, da probabili perdite su affari ancora aperti.

«Il professor Ventriglia mette in particolare evidenza che nella sezione "depositi ricevuti" figurano alla voce 3 "gruppo Sindona" crediti dell'Amincor per dollari 50 176 000 e della Finabank per dollari 43 620 000 e – a illustrazione di dette voci – informa che il credito della Finabank, detratti dollari 7 000 000 circa e quindi per residui dollari 37 000 000, rappresenta depositi di somme avute fiduciariamente da nominativi diversi (oltre n. 500) con scadenze varie già in corso di maturazione, alcune addirittura scadute nel corrente mese.

«Il professor Ventriglia – dopo precisazioni varie anche da parte di altri intervenuti alla riunione – propone e il dottor Carli approva che soprattutto allo scopo di sostenere la credibilità del nostro sistema all'estero, la Banca Privata Italiana faccia fronte agli impegni con la Finabank alle singole scadenze, previa verifica di regolarità»[20].

Gli esportatori di denaro all'estero vengono subito rimborsati, è in gioco (chissà come e chissà perché) la credibilità internazionale dell'Italia, si dice autorevolmente. Sembra tutto chiaro, se non limpido. Si moltiplicano invece le doppie verità tanto i fatti e le loro interpretazioni si attorcigliano a smentire se stessi.

In origine c'è Puddu. È lui a venire in possesso del documento con l'elenco delle persone illustri che hanno illecitamente esportato capitali all'estero: un tabulato elettronico intestato a Finabank. Puddu ne parla con Ventriglia. Ventriglia, allarmato, dice che bisogna parlarne subi-

[20] Commissione Sindona. Relazione conclusiva Azzaro cit., p. 45.

CAPITOLO QUINTO

to con Carli. È allarmato veramente Ventriglia? Neppure per sogno, dice lui: non ha attribuito una particolare importanza al documento, non l'ha neppure visto, gli ha dato soltanto una scorsa fugace.

Puddu dice che sono state due, quella mattina, le riunioni alla Banca d'Italia: una riunione riservata tra Ventriglia e Carli per parlare del tabulato, si suppone, e poi la riunione plenaria. Anche Puddu, ma non subito, entra nello studio di Carli quando c'è ancora dentro Ventriglia. Parla col governatore e, dopo, scrive qualche appunto sul documento.

Ventriglia smentisce: c'è stata solo una riunione.

Carli ribadisce: la riunione è stata una sola. Ma Carli vuol essere piú preciso: può esser sorto un equivoco perché, prima della riunione plenaria, Ventriglia ha infilato la testa nella porta del suo studio. Il tabulato? Carli non l'ha visto, non ha voluto vederlo. No, non ha fatto un gesto di repulsione quando ha saputo, come ha detto Ventriglia, o di orrore, come ha detto Barone. Carli non ha nemmeno voluto discutere del tabulato: «Un documento anonimo, di provenienza ignota, e dunque inutilizzabile (...) oppure un documento realmente proveniente da una banca svizzera, e quindi compilato e diffuso in violazione delle rigorose norme sul segreto bancario vigenti in Svizzera, del quale, quindi, sarebbe stato sbagliato parlare, nell'interesse del paese»[21].

Il tabulato scotta, chi lo tocca muore. Chi l'ha visto? Dov'è custodito?

In una busta gialla, dice Puddu, che ha messo la busta – e sembra un racconto di Mario Soldati – sul tavolo della riunione plenaria. No, – seconda versione – il documento non è mai uscito dalla cartella di Puddu: Carli, con un

---

[21] Commissione Sindona. Relazione conclusiva Azzaro cit. p. 50.

cenno, ha fatto capire a Puddu che non doveva neppure tirarlo fuori.

E che cosa succede dopo la riunione plenaria? Puddu è un'anima in pena. Dove nascondere il tabulato? chiede a Ventriglia, e si avverte l'ansia di entrambi. Deve darlo a Barone, il suo diretto superiore. E Puddu va nell'ufficio di Barone e gli consegna il documento in una busta – la busta gialla? – che chiude leccandone i lembi.

La verità ha molti scogli. Ventriglia ha consigliato Puddu di consegnare il documento al servizio esteri, non al suo diretto superiore. Ventriglia non ha visto consegnare il documento a Barone. Ventriglia non esclude che l'abbia fatto.

E Barone, che cosa dice Barone? Quando Puddu tenta – un'azione da commando – di dargli il tabulato, Barone lo respinge. Turbato come un'educanda gli dice di tenerselo, di chiuderlo nella cassaforte. Perché proprio lui, perché proprio lui dovrebbe conservare il tabulato visto che non ha neppure una cassaforte?

Ai primi di settembre si sposa un figlio di Guidi e al matrimonio sono invitati, tra gli altri, Ventriglia, Tommaso Rubbi, capo dell'ufficio legale del Banco di Roma, Puddu. Protagonista delle nozze non è la coppia dei giovani sposi, ma il tabulato. È un gran confabulare, ammiccare, alludere, è un gran borbottio, trepestio, chiacchierio. Dov'è finito il tabulato? Puddu lo domanda a Guidi. Il tabulato è scomparso nelle pieghe degli uffici della banca. Povero Puddu, si è dimenticato dei sassolini di Pollicino.

Di chi sono i nomi del tabulato? Periodicamente usciranno indiscrezioni, pettegolezzi, scoop di giornali. I nomi sono di deputati, senatori, ministri, segretari ammini-

CAPITOLO QUINTO

strativi di partito, banche, società, avvocati, finanzieri, generali, ammiragli, uomini delle logge massoniche e dei servizi segreti. Qualcuno possiede il documento, molti sanno, molti sanno che altri sanno e ne sono terrorizzati.

Per anni la politica italiana ha vissuto, e continua a vivere, anche sotto il peso di quel ricatto.

La situazione della banca è sempre piú catastrofica. Le difficoltà della Franklin National Bank, l'insolvenza di due banche tedesche, la Herstatt e la Wolff, legate al gruppo Sindona, si assommano alla mancanza di liquidità della Banca Unione e rendono inevitabile la fine.

Sindona rifiuta di vendere al Banco di Roma la Banca Privata Italiana al prezzo simbolico di una lira: è l'ultimo tentativo che viene fatto, la trattativa s'interrompe quando l'Iri mette un veto perché ritiene illegittima l'operazione. E Sindona è di nuovo convinto che dietro la decisione ci sia la mano di Cuccia.

Carli non demorde nel tentativo di salvare Sindona. Il 13 settembre propone la costituzione di una nuova banca – la Banca d'Oltremare – della quale facciano parte le tre banche d'interesse nazionale e l'Imi. Alla banca dovrebbero essere trasferite tutte le attività e le passività della Banca Privata Italiana. L'ipotesi si dissolve rapidamente, la Banca Commerciale e il Credito Italiano, che hanno una posizione netta e non sono coinvolte come il Banco di Roma in operazioni equivoche e imbrogliate, dicono fermamente di no. «Il consorzio – dichiara Carli – non si è concluso per due ordini di motivi. In primo luogo perché non esisteva grande entusiasmo fra i consorziati; in secondo luogo perché secondo il verbale del Consiglio di amministrazione della Banca Privata Italiana, negli ultimi giorni di settembre, cioè il 17, il 18 e il 19 si verificano ingenti prelievi e, conseguentemente, si considerò che la consistenza della banca non meritasse la soluzione proposta»[22].

Solo il 24 settembre, alla Banca d'Italia si parla della messa in liquidazione coatta della Banca Privata Italiana: il direttore generale Paolo Baffi si esprime in modo critico: «La situazione in cui versa la Banca Privata Italiana dipende in piccola parte da varie situazioni di mercato, del resto esse stesse riconducibili al difettoso funzionamento di alcuni istituti (Borsa) piuttosto che a variazioni nella domanda di servizi bancari; molto da gravi carenze e disfunzioni nelle scelte di amministrazione e direzione; per un'altra parte da alcune insufficienze e errori in sede di controllo e quasi per niente da colpe del personale dipendente»[23].

Un comunicato ufficiale annuncia la liquidazione coatta amministrativa della Banca di Sindona: «Nel corso della liquidazione le tre banche di interesse nazionale rileveranno direttamente dai titolari e con subentro nella posizione creditoria nei confronti della Banca Privata Italiana i depositi e gli altri crediti in lire e in valuta verso la banca medesima, previo loro esame. Resteranno esclusi dal rilievo depositi e crediti direttamente e indirettamente di pertinenza di soggetti collegati al vecchio gruppo di controllo»[24].

La resistenza attiva e passiva del sistema sindoniano è per ora sconfitta. Ma le lungaggini, l'incapacità di una scelta netta dello Stato sono state un segno grave di timidezza, di ossequio, di timori, di dipendenza, e anche di complicità.

[22] Guido Carli, in Commissione Sindona cit., p. 283.
[23] Paolo Baffi, in Commissione Sindona cit., p. 285.
[24] *Ibid.*, p. 285.

CAPITOLO QUINTO

«L'efficienza della Banca d'Italia appare inferiore alla sua fama, – commenta la relazione D'Alema, Minervini, Cafiero. – Dopo i primi disastrosi rapporti degli ispettori essa non trae la naturale – e doverosa – conseguenza dell'imposizione dell'amministrazione straordinaria; sporge denuncia – non senza ritardo – all'autorità giudiziaria, e ne attende i risultati, quasi non conoscesse le lentezze di questa; dispone nuove ispezioni di tipo inadeguato, e quindi predestinate a non accertare nulla; solo tardivamente accerta il crack, quando esso è ormai alla luce del sole; si adopera per una sistemazione discreta, fra le pieghe del sistema bancario; concede il nulla osta alla fusione di due banche decotte; non valuta adeguatamente la gravità della crisi e quindi predispone misure di "salvataggio" che si riveleranno ben presto inadeguate. Si arriva cosí alla liquidazione coatta amministrativa con dichiarazione dello stato di insolvenza; e la tutela dei depositanti grava ancora una volta sulle spalle del contribuente italiano in conseguenza della "compensazione" offerta dal decreto ministeriale 27 settembre 1974; che è emesso nella stessa data della liquidazione coatta della Banca Privata Italiana»[25].

Finisce cosí la prima logorante fase della vicenda Sindona. Il seguito sarà piú aspro, piú crudo, piú cruento.

«È inconcepibile che il Parlamento sia stato tenuto fino ad ora all'oscuro di tutto. Non è ammissibile che sull'affare Sindona il governo stenda un velo pietoso», dice con solennità, con amarezza, con ira Sandro Pertini dal suo banco di presidente della Camera dei deputati.

Adesso tocca a Giorgio Ambrosoli. Una materia cosí

---

[25] Commissione Sindona. Relazione di minoranza D'Alema, Minervini, Cafiero cit., p. 313.

avviluppata e contorta, un simile intrigo politico e finanziario nelle mani di un uomo solo, un avvocato che non ha un grande nome e neppure una grande esperienza.

Si spera che prevalga una soluzione di ordinaria amministrazione, ben guidata dall'esterno, silenziosa, minimalista, prudente? Certo, l'ordinaria amministrazione, come sempre accade, avrebbe salvato la vita anche a Giorgio Ambrosoli.

Capitolo sesto

Nella basilica di San Vittore al Corpo, davanti al cadavere dell'avvocato Giorgio Ambrosoli, il maresciallo maggiore della Guardia di finanza Silvio Novembre giura a se stesso che non servirà piú uno Stato che lascia morire cosí i suoi figli migliori.

Manterrà la parola. Silvio Novembre è stato l'uomo piú vicino a Giorgio Ambrosoli, nei suoi ultimi cinque terribili anni. Ha subito pressioni, intimidazioni, minacce, ha rischiato la vita. Piú volte è stata chiesta la sua testa: per punire l'abnegazione, la passione e lo zelo usati nell'adempimento del suo compito, al di là del dovere. Licio Gelli, capo della loggia massonica P2, ha cercato di privare Ambrosoli del suo braccio destro prezioso. Rodolfo Guzzi, l'avvocato di Sindona, ha dichiarato di avere avuto l'incarico di far trasferire il maresciallo Novembre, di allontanarlo dalla banca in liquidazione.

Il proposito fallí nonostante il Comando generale della Guardia di finanza fosse inquinato e corrotto e il comandante Raffaele Giudice e il capo di stato maggiore Donato Lo Prete e generali, ufficiali superiori e subalterni, iscritti nelle liste della P2, si prestassero ai piani e alla volontà di Gelli e fosse già pronto l'ordine di trasferimento del maresciallo Silvio Novembre tra le nevi e il cielo, al Distaccamento del Monte Bianco.

La storia umana di Silvio Novembre è una delle storie dell'Italia povera di una volta, piene di fatica, di voglia di migliorare le condizioni della vita, di desiderio di conoscere. Silvio nasce ad Alseno, vicino a Piacenza, nel 1934. Suo padre fa il muratore, poi viene assunto in ferrovia. È ancora bambino quando la famiglia si trasferisce a Piacenza, nel quartiere della stazione, e non deve esser facile per papà Novembre tirare avanti con cinque figli. L'unica speranza è che diventino grandi alla svelta e trovino presto un lavoro.

Silvio studia fino alla terza media, poi va a lavorare, ragazzo-manovale. L'Edison costruisce una nuova centrale elettrica e si stanno scavando delle enormi buche che servono per infilarci dentro i tralicci di ferro. Silvio lavora dalla mattina alla sera, non ci sono ancora i martelli pneumatici, solo i picconi e le pale e la fatica è grande.

Fa il manovale per anni, la vita è monotona e grama e a un certo momento, non ha ancora 18 anni, gli vien voglia di muoversi, di svagarsi, di sentirsi vivo. Comincia a frequentare la società canottieri «Vittorino da Feltre». Al tramonto cambia aria, in barca sul Po. Conosce un ingegnere della Edison, socio anche lui della canottieri: «Altro che remare, avrai voglia di dormire, la sera». Lo aiuta a cambiar lavoro, non piú con le squadre manovali, ma in sala quadri, coi tecnici in camice bianco.

I destini che nascono dalle casualità. Alla Edison arriva periodicamente la Guardia di finanza a controllare i contatori per il pagamento dell'imposta di fabbricazione. I finanzieri sono belli, eleganti, simpatici. Silvio prende confidenza: «Come si fa a entrare nella Guardia di finanza?» Quelli gli spiegano, gli consigliano di far domanda. Lui fa la domanda e aspetta. Poi riceve la cartolina, è convocato per la visita medica ed entra in agitazione. Ci vuol la raccomandazione, ci vuol la raccomandazione, è la *vox populi* e anche la *vox dei*. Ma a chi chiederla?

CAPITOLO SESTO

Negli anni '50 le distrazioni sono poche, la parrocchia ha la funzione di centro sociale, in provincia piú che altrove. C'è la biblioteca, il cinema, il ping pong. Silvio frequenta volentieri la parrocchia di San Savino, il prete è l'unica persona autorevole che conosca. Va a parlare con don Arfini, disponibile, la sa lunga. Sono gli anni di padre Lombardi, dei baschi verdi, dei Comitati civici. Il parroco è stato compagno di studi di Agostino Casaroli, piacentino di Castel San Giovanni, e gli scrive una lettera in cui raccomanda all'allora sostituto della Segreteria di Stato vaticana il bravo giovane Silvio Novembre che ambisce ad arruolarsi nella Guardia di finanza. (L'avrà saputo lo Ior, l'avrà saputo, anni dopo, monsignor Marcinkus?)

Il 13 gennaio 1953, Novembre parte per fare la visita medica a Bologna, ma il Po è gonfio, quella mattina l'acqua sfiora il pelo del ponte e il treno è in ritardo. Arriva a Bologna alle 11 anziché alle 9 e viene sgridato, rimbrottato, cicchettato, ma un brigadiere lo accompagna ugualmente in infermeria dove c'è ancora la commissione medica. Silvio è alto 1,80, pesa 63 chili, è tutto ossa e muscoli, il colonnello strabuzza gli occhi. Passa la visita, abile arruolato volontario. Con una gran fretta, come se stesse per scoppiare la guerra. Al Comando gli dicono di telefonare a casa, deve partire subito. Suo padre brontola un po'. È un uomo del Nord: «Nella polizia ci vanno quelli senza voglia di lavorare».

Comincia cosí la carriera del finanziere Silvio Novembre. Con le sue scarpette a punta di finto camoscio e un cappottino che fa venir freddo a guardarlo, parte per Predazzo. Frequenta il corso allievi e siccome ha imparato a sciare e ha fatto anche la scuola di roccia, viene mandato in servizio nella compagnia presidiaria di Roma. E via via, a Macugnaga, a Domodossola, a Genova, al Lido di Ostia, dove frequenta la scuola allievi sottufficiali. Nel luglio 1956 – ha appena compiuto 22 anni – è nominato vicebrigadiere e mandato in Alto Adige, comandante facente funzione della brigata di Anterselva dove Enrico Mattei va a pescare le trote nel lago. Dopo Anterselva diventa comandante a Lutago ed è il piú giovane del reparto. Dal Trentino - Alto Adige è mandato nel Veneto, a Baseleghe, un posto dove non c'è neppure la strada, la luce, l'acqua. È il febbraio 1958, quell'anno conosce la futura moglie, di San Michele al Tagliamento. Poi viene trasferito a Venezia, poi a San Donà di Piave dove nel 1962 si sposa, poi a Brescia dove approda nel 1963, brigadiere del Nucleo di polizia tributaria.

Ci resta otto anni, è già esperto di verifiche fiscali, ma nella città industriale affina il mestiere, glielo insegnano soprattutto vecchi marescialli e capipattuglia intelligenti. Promosso maresciallo ordinario impara a far le verifiche in maniera piú approfondita, sa impostare i conti di produzione, i conti di lavorazione, i conti economici. La vecchia Guardia di finanza delle fatture sta tramontando. Novembre studia da solo, studia in scuole private, arriva quasi al diploma di ragioniere, frequenta per periodi non brevi corsi di specializzazione, la scuola romana di polizia tributaria, altre scuole, piccole università che insegnano il diritto, l'economia politica, la tecnica bancaria, la tecnica commerciale.

Nel 1971, recalcitrante, viene trasferito a Milano. È un cambiar vita, nella grande città, proprio adesso, poi, che ha due figlie piccole, Caterina, nata nel '63 e Isabella nata nel '68. Un colonnello che ha lavorato a Brescia lo vuole al Nucleo di polizia tributaria, competente su tasse e affari. La caserma è in via Fabio Filzi, vicino alla stazione centrale. Novembre si occupa subito di inchieste importanti, tra le altre quella su Francesco Ambrosio, il miliardario della

CAPITOLO SESTO

famosa festa di Portofino, dentro e fuori di prigione, assolto in Italia, condannato in Svizzera.

In vacanza, quell'estate del 1974, Silvio Novembre legge sui giornali le novità su Michele Sindona, il prestito di 100 milioni di dollari del Banco di Roma, l'ombra del crack che aleggia sulla Banca Privata Italiana. Torna a Milano e mentre sta completando il rapporto su Ambrosio lo chiama il colonnello che comanda il Nucleo di polizia tributaria per affidargli un nuovo incarico.

Il palazzo di giustizia di Milano è in subbuglio. Il 4 ottobre, il giudice istruttore Ovilio Urbisci firma un mandato di cattura nei confronti di Sindona per false comunicazioni e illegale ripartizione di utili: distorsione contabile, occultamento di costi e ricavi, operazioni speculative sui cambi. Sindona è in Italia, qualcuno gli dà la notizia, fa in tempo a fuggire.

Il 24 ottobre nuovo ordine di cattura: bancarotta fraudolenta. Si crea cosí un intreccio di azioni penali, civili, fallimentari. Il sostituto procuratore della Repubblica Guido Viola ha ricevuto i rapporti preliminari degli ispettori della Banca d'Italia, si è reso conto della situazione e ha capito che l'inchiesta sulla bancarotta della Banca Privata Italiana è assai complessa e deve essere impostata in modo diverso rispetto ai fallimenti e alle bancarotte del passato, quando la magistratura limitava passivamente i suoi interventi alle decisioni del commissario liquidatore o del curatore fallimentare. Viola chiede cosí alla Guardia di finanza di formare una squadretta di polizia tributaria capace di assisterlo nelle indagini aperte sulla banca di Sindona, grumo infuocato di trame astruse e velenose.

Il colonnello chiede a Novembre di entrare nella squadretta, comandata da un tenente, con tre marescialli e due brigadieri. È gente che lavora insieme per la prima volta: i capi dei reparti, in queste occasioni, non si privano in genere dei loro pupilli, ma degli anomali, dei rompiscatole, di coloro che non si vogliono adeguare, nel far bene e nel far male. Quella volta si forma un gruppetto di persone oneste e capaci, le stesse che il 17 marzo 1981, sotto la guida dei giudici istruttori del Tribunale di Milano, Giuliano Turone e Gherardo Colombo, troveranno le liste della P2 negli uffici della Giole, l'azienda di Licio Gelli, a Castiglion Fibocchi vicino ad Arezzo.

L'impatto di Silvio Novembre con Giorgio Ambrosoli non è né pacifico né tradizionale. Il maresciallo incontra l'avvocato, o meglio, lo vede per la prima volta all'inizio di ottobre quando i finanzieri, una ventina, arrivano in banca con un mandato di perquisizione. Il mandato è generico: perquisire i locali della Banca Privata Italiana per cercare «indizi e prove in relazione ai reati che si suppongono», mettere i sigilli. Ambrosoli si arrabbia subito: «Che cosa significa quest'ordine di perquisizione? Io sono un pubblico ufficiale, tutto è sotto la mia giurisdizione, nulla qui va disperso».

I finanzieri fanno una perquisizione formale, prendono una cartella in un ufficio, una cartella in un altro ufficio, accumulano documenti che poi non serviranno.

È ancora più seccato, Ambrosoli, quando viene a sapere che il gruppetto della Finanza lavorerà negli uffici della banca. Che cosa sono venuti a fare? I finanzieri a spiegargli che sono stati incaricati dal giudice Viola per le indagini su quel caso, che hanno bisogno di uffici per lavorare e anche per depositare le carte sequestrate. Ambrosoli è diffidente, interpreta la presenza della Guardia di finanza come una fastidiosa interferenza, un'intrusione ingiustificata, un inutile controllo, una limitazione dei compiti del commissario liquidatore. Ambrosoli è sospettoso: quegli

CAPITOLO SESTO

uomini gli sono stati messi addosso per controllarlo? Sono arrivati per sabotare?

Non riesce simpatico, a prima vista, Giorgio Ambrosoli al maresciallo Silvio Novembre. Gli sembra un po' altero, un po' supponente, uno che si dà un po' di arie, con quei baffetti da padreterno. Ha costantemente il sorriso dipinto sul viso di uno che prende in giro la gente magari senza rendersene conto del tutto.

I finanzieri si sistemano al quarto piano della banca, proprio negli uffici riservati di Sindona, ma i rapporti col commissario liquidatore sono bruschi, anzi inesistenti. Per due settimane, il maresciallo Novembre si sente paralizzato, ignora quali sono le sue competenze, non sa qual è l'organizzazione del lavoro.

È ombroso, Ambrosoli, nei confronti di quegli uomini che non conosce, disattento, impaziente. Tutte le sere la Finanza prepara un verbale di suggellamento e di dissuggellamento degli uffici e lo deve firmare Ambrosoli che ogni volta si spazientisce, non ha tempo, non ha voglia, costringe a lunghe anticamere.

Una mattina, Novembre sbotta, scende al primo piano, Ambrosoli non è nel suo ufficio, ma in sala riunioni coi suoi collaboratori e consulenti, l'avvocato Sinibaldo Tino, il professor Vittorio Coda, Pino Gusmaroli. Novembre aspetta un po' e poi entra nella sala.

«Desidera?» gli chiede Ambrosoli.

«Ho bisogno di parlarle».

«Non vede che adesso sono occupato?»

«Son 15 giorni che lei è occupato e io non riesco mai a parlarle».

Ambrosoli s'infuria, ma si trattiene: «Guardi, ho ancora da fare per un quarto d'ora, venti minuti. Se ha la pazienza di aspettare».

Lo scontro è duro. Novembre dice ad Ambrosoli che

quello non è il modo di fare, è un pessimo padrone di casa, l'ostruzionismo non serve a nulla. Si faccia passare l'irritazione, i finanzieri sono lí, mandati dall'autorità giudiziaria, e lí resteranno. Non si rende conto che si trovano sulla stessa barca, non si rende conto che devono lavorare insieme?

Ambrosoli se la prende soprattutto con Guido Viola. Avrebbe potuto dirglielo che si sarebbe trovato tra i piedi degli sconosciuti, non venirlo a sapere a cose fatte.

È venuta intanto l'ora della colazione: «Maresciallo, lei ha mangiato?»

«No, ma se dobbiamo litigare, è meglio farlo qui».

«Ci siamo spiegati a sufficienza. Vede, non sono di quelli che si fidano subito di tutto e di tutti. Io concedo la mia fiducia solo dopo aver conosciuto bene il prossimo. D'accordo, dobbiamo lavorare insieme, però gradirei avere rapporti con una sola persona, sempre la stessa, non un giorno con l'una e il giorno dopo con l'altra. Sarà lei l'interlocutore».

Ambrosoli e Novembre cominciano a studiarsi. I loro rapporti rimangono tesi ancora per un po' anche perché il tempo a disposizione per parlare è poco, ma presto si sgelano e nel dicembre 1974 si può dire che tra i due la sintonia sia assoluta.

Alle cinque e mezzo di ogni pomeriggio, i finanzieri tornano in caserma per far rapporto. Novembre, invece, a quell'ora, cambia giacca, come dice lui, smette la giubba di maresciallo della Guardia di finanza e diventa collaboratore di Ambrosoli. Dal quarto piano scende al primo. I due si intendono, si scambiano notizie, esperienze, idee. L'avvocato interpella il maresciallo anche su questioni che non riguardano la polizia giudiziaria, sempre piú spesso gli sottopone i suoi problemi di commissario liquidatore, anche i piú delicati: lo stato passivo, le infinite

CAPITOLO SESTO

questioni di una banca dissestata, i timori e i tremori, perché subito o quasi l'avvocato Giorgio Ambrosoli capisce che quella banca nel centro di Milano è una polveriera indifesa e lui è il capro espiatorio di antiche compromissioni. Ambrosoli è ora cosciente di aver trovato un uomo di cui si può fidare oltre che un interlocutore tecnicamente esperto.

Diventeranno amici, compagni di ventura e di sventura. Non ci saranno segreti tra loro. Ambrosoli romperà la corazza con cui si difende e rivelerà la sua umiltà, la sua modestia, la sua umanità nascosta dietro la sua ironia e il suo humour sottile. E Novembre rivelerà a quel suo coetaneo apparentemente scorbutico tutto il suo affetto. Nei tempi di maggior pericolo passerà intere notti a proteggere come può il suo amico avvocato, a fargli da guardia davanti allo studio, davanti a casa, a compensare, senza che nessuno gliel'abbia chiesto mai, quello che lo Stato non ha saputo o voluto fare.

Capitolo settimo

Una mattina Annalori Ambrosoli mette a posto il tavolo Impero dove il marito ha lavorato fin quasi all'alba. Sta svuotando un portacenere quando vede spuntare da un block-notes di carta quadrettata l'angolino di un foglio dove c'è scritto: «Anna carissima». Non si trattiene dal leggere. È un testamento. Giorgio l'ha scritto quella notte.

Anna carissima,

è il 25.2.1975 e sono pronto per il deposito dello stato passivo della B.P.I., atto che ovviamente non soddisferà molti e che è costato una bella fatica.

Non ho timori per me perché non vedo possibili altro che pressioni per farmi sostituire, ma è certo che faccende alla Verzotto[1] e il fatto stesso di dover trattare con gente di ogni colore e risma non tranquillizza affato. È indubbio che, in ogni caso, pagherò a molto caro prezzo l'incarico: lo sapevo prima di accettarlo e quindi non mi lamento affatto perché per me è stata un'occasione unica di fare qualcosa per il paese.

Ricordi i giorni dell'Umi, le speranze mai realizzate di far politica per il paese e non per i partiti: ebbene, a quarant'anni, di colpo, ho fatto politica e in nome dello Stato e non per un partito. Con l'incarico, ho avuto in mano un potere enorme e discrezionale al massimo ed ho sempre operato – ne ho la piena coscienza – solo nell'interesse

---

[1] Graziano Verzotto, senatore democristiano. Presidente dell'Ente minerario siciliano, coinvolto in un procedimento penale per lo scandalo dei fondi neri dell'ente: sette miliardi depositati presso la Banca Privata Italiana e il Banco di Milano. Commissione antimafia. Relazione conclusiva Carraro cit., p. 213. Condannato a quattro anni di carcere ha vissuto all'estero dal 1976. Nel gennaio 1991 ha beneficiato dell'indulto.

CAPITOLO SETTIMO

del paese, creandomi ovviamente solo nemici perché tutti quelli che hanno per mio merito avuto quanto loro spettava non sono certo riconoscenti perché credono di aver avuto solo quello che a loro spettava: ed hanno ragione, anche se, non fossi stato io, avrebbero recuperato i loro averi parecchi mesi dopo.

I nemici comunque non aiutano, e cercheranno in ogni modo di farmi scivolare su qualche fesseria, e purtroppo, quando devi firmare centinaia di lettere al giorno, puoi anche firmare fesserie. Qualunque cosa succeda, comunque, tu sai che cosa devi fare e sono certo saprai fare benissimo. Dovrai tu allevare i ragazzi e crescerli nel rispetto di quei valori nei quali noi abbiamo creduto (...) Abbiano coscienza dei loro doveri verso se stessi, verso la famiglia nel senso trascendente che io ho, verso il paese, si chiami Italia o si chiami Europa.

Riuscirai benissimo, ne sono certo, perché sei molto brava e perché i ragazzi sono uno meglio dell'altro (...)

Sarà per te una vita dura, ma sei una ragazza talmente brava che te la caverai sempre e farai come sempre il tuo dovere costi quello che costi.

Hai degli amici, Franco Marcellino, Giorgio Balzaretti, Ferdinando Tesi, Francesco Rosica, che ti potranno aiutare: sul piano economico non sarà facile, ma – a parte l'assicurazione vita – (...)

Giorgio [2]

Il primo impulso di Annalori è di partire per Roma, andare da Carli, mostrargli la lettera, convincerlo a togliere l'incarico a Giorgio. Calcola che può andare e tornare in giornata senza che il marito se ne accorga, telefona all'Alitalia, fa la prenotazione dei posti. Poi ha una resipiscenza, è meglio interpellare Giorgio Balzaretti, un amico di buon senso. Gli racconta quel che è accaduto, lui fa di tutto per calmarla. Parlerà con Giorgio, le dice, bisogna capire se la lettera è stata scritta soltanto nella consapevolezza di un impegno che può anche essere pericoloso e indurre a certi pensieri.

Balzaretti, la sera, passa dalla banca, la lettera non è

[2] In Turone, Sentenza-ordinanza cit., p. 55.

stata consegnata ad Annalori e lui deve stare attento nell'esprimersi. Si limita a dire che Annalori è parsa molto preoccupata a sua moglie Irene: è successo qualcosa? Ambrosoli risponde brusco: «Annalori deve comportarsi come una moglie siciliana, stare zitta, stare al mio fianco, sostenermi in silenzio».

Per anni, Annalori vive nell'angoscia del testamento. Tenta piú volte di sondare il marito cercando di non insospettirlo, di non fargli capire che sa. Gli scrive anche del suo terrore. Non ha risposte. È spasmodicamente attenta a ogni frase smozzicata che riesce a captare quando Giorgio parla con gli amici, ma Giorgio parla poco, non le resta che cercar di scoprire sui giornali, letti con minuzia, la chiave del suo segreto. Da quel giorno non riesce piú a dormire, ha in mente solo il testamento, un incubo, sa che a ogni ora può accadere, sa che a ogni ora può arrivare una notizia di morte.

La mattina del 12 luglio 1979, la lettera-testamento è tra le pagine dell'agenda, ben visibile nella cartella di Giorgio. È impensabile che l'avvocato Ambrosoli l'abbia conservata là dentro per piú di quattro anni, aggiornata da due postille: nel marzo 1977 ha disdetto l'assicurazione sulla vita; nell'agosto 1977 ha rifatto l'assicurazione sulla vita.

In quell'ultima estate, Ambrosoli sa che la sua morte è vicina? La sente dentro di sé come il proprio nocciolo un frutto?

Milano è una città in crisi. Cortei operai la attraversano ogni giorno: «Lotta dura senza paura per le riforme di struttura»; «La classe operaia unita vincerà»; «Basta con gli aumenti, facciamo pagare la crisi al padrone»; «Il potere deve essere operaio»; «La disubbidienza è dei padroni e del governo».

Le facce sono piú preoccupate che rabbiose, i tamburi

CAPITOLO SETTIMO

di latta dell'autunno caldo del 1969 sono muti, la creatività operaia che sbalordí i cittadini del centro storico si è spenta, la lotta si è ristretta ai problemi della sussistenza quotidiana, la borsa della spesa, l'affitto, il gas, la luce, i prezzi che mangiano il salario, la paura della cassa integrazione e della disoccupazione.

Comitati di quartiere, esecutivi di consigli di fabbrica, associazioni femministe, gruppi di giovani, di genitori, di baraccati, di disoccupati si accampano ogni giorno in piazza della Scala, davanti a Palazzo Marino. Il prezzo del denaro tocca il 15 per cento, il potere d'acquisto della lira continua a diminuire, in certi quartieri di periferia, alla Chiesa rossa, a Baggio, le condizioni di vita fanno temere esplosioni di collera popolare.

Il commissario liquidatore ha terminato di compilare lo stato passivo della Banca Privata Italiana: 531 miliardi di cui 417 ammessi al passivo; 281 miliardi di attivo, crediti, titoli, partecipazioni azionarie, immobili. Ambrosoli consegna lo stato passivo alla Banca d'Italia e, per i creditori privilegiati, alla cancelleria del tribunale di Milano proprio il giorno in cui ha scritto la lettera-testamento alla moglie Annalori.

Sono passati cinque terribili mesi, di lavoro assorbente, di difficoltà, di stanchezza, di tormenti, di confusione. Le cifre dello stato passivo sono enormi, se si pensa che il prestito della Germania Federale allo Stato italiano di 600 miliardi di lire del 1974 è stato garantito da quanto resta della riserva aurea della Banca d'Italia.

Ambrosoli sente il peso del lavoro che fa. Trova muri continui negli interlocutori dei palazzi romani. Gli mancano i suggerimenti disinteressati, la collaborazione, i consigli. Trova sempre e solo dei dubbiosi «non sappiamo, vedremo, faremo». Si sente solo. Una volta prende da parte Gusmaroli: «Che cosa hanno in mente di fare?»

gli dice. «Mi vogliono bruciare, mi vogliono far fuori? Vogliono uno che non riesca a mettere le mani e gli occhi dove vanno messi?»

Ambrosoli è intransigente, non si presta a compromessi. Dallo stato passivo esclude lo Ior – 17 miliardi – ed è un campanello d'allarme per chi cerca di capire i comportamenti del commissario liquidatore.

Il problema dei pagamenti allo Ior si era già posto nel luglio 1974 quando era stato disposto il famoso «cordone sanitario» – anche l'inconscio dei grandi banchieri ha dei residui di innocenza – escludendo dal rimborso le banche e le società direttamente o indirettamente legate al gruppo Sindona: Finabank, Finterbank, Ior, Amincor, Franklin, Privat Kredit Bank, Bankhaus Wolff, New Bank, Capisec, Edilcentro. Le reazioni e le pressioni erano state violente, il «cordone sanitario» era saltato, i cordoni della borsa si erano allargati proprio a favore dello Ior. E adesso la questione si riapre con crudezza.

Ambrosoli ha capito come tutto è oscuro nella banca vaticana, un paravento che copre attività di ogni genere, non limpide, contorte, losche, criminali, un canale che serve per l'esportazione di capitali all'estero, uno strumento che consente di far apparire una realtà diversa dal vero. Uno schermo, uno specchio deformante. Per il mercato, lo Ior è il prestigioso garante delle banche di Sindona, come lo sarà del Banco Ambrosiano di Calvi. Per molti è il vero proprietario occulto. È solo il protettore, invece, il *maquereau*. La banca vaticana è attenta a fare i propri affari, non gli affari di Sindona, non gli affari di Calvi ai quali si associa cinicamente senza tirare mai linee di demarcazione tra lecito e illecito. In nome del denaro più che in nome di Dio.

Il maresciallo Novembre è diventato il capo del gruppetto dei finanzieri. Il tenente, poco dopo l'arrivo della

CAPITOLO SETTIMO

Guardia di finanza in via Verdi, se n'è andato, il maresciallo maggiore si è messo da parte. Con Silvio Novembre sono rimasti il maresciallo Francesco Carluccio e i brigadieri Orlando Gotelli e Gaetano De Gennaro. Quattro persone contro l'impero del male.

Sono dei neofiti. Quando cominciano a lavorare, i rapporti della Banca d'Italia rappresentano per loro delle piccole Bibbie. Passano le sere a studiare per cercar di capire come deve essere organizzata l'inchiesta.

Dai primi conti risulta che le perdite toccano i 207 miliardi. In ottobre, Ambrosoli denuncia la situazione, chiede al Tribunale la dichiarazione d'insolvenza e l'avvio dell'azione penale. Il suo primo compito – la procedura di liquidazione, l'accertamento del passivo – e il compito dei finanzieri – le indagini di polizia giudiziaria – per tutto il 1975 sono ben distinti. Si fonderanno piú tardi e a un certo momento l'inchiesta avrà il sopravvento. Tra le accuse fatte ad Ambrosoli ci sarà anche quella di usare un eccesso di impegno investigativo, di assomigliare piú a un fazioso pubblico ministero che a un neutrale commissario liquidatore. Non è ancora di moda, allora, l'equidistanza predicata dai garantisti esacerbati tra delitto e non delitto. Come può sentirsi neutrale un uomo onesto e leale di fronte alla frode sistematica e alla giustizia violata con impudenza?

I finanzieri dipendono dal loro Comando, ma i loro referenti al Palazzo di giustizia sono il giudice istruttore Ovilio Urbisci e il pubblico ministero Guido Viola che hanno il compito di guidare le indagini, di fissarne gli indirizzi, di far da stimolo. Per mesi il gruppetto della Guardia di finanza brancola nel buio. Novembre e gli altri tentano di ricomporre le tessere di un mosaico frantumato, raccolgono, catalogano, schedano. Non hanno dei computer a disposizione, ma dei brogliacci, dei quaderni, degli scartafacci. In uno di questi annotano in modo elementare i nomi delle società, in un altro i nomi degli amministratori, in un terzo le partecipazioni nelle società. Un mucchio di brogliacci, quaderni, scartafacci che poco alla volta diventano preziosi, consentono di costruire un grafico appeso nell'ufficio che fu di Sindona, con le bandierine che corrispondono alle misteriose società: le società ombra, le società ectoplasma, le società matrioske, le società della gigantesca finzione, dalle isole Cayman al Liechtenstein, da Nassau a Panama, al Vaticano.

Il commissario liquidatore, coi suoi pochi collaboratori, i giudici e i finanzieri, si incontrano sempre piú spesso, dividono compiti e funzioni. Ogni volta fanno un bilancio, propongono ipotesi di lavoro, esprimono le loro opinioni. Le competenze sono separate e difformi: la ricerca d'archivio e le indagini esterne, le verifiche e gli interrogatori degli imputati e dei testimoni, l'attività processuale e le richieste d'assistenza nei paesi stranieri.

I misteri di Sindona svelano la sua anima nera. Che seguita ad aleggiare, là dentro. Giorgio Ambrosoli e gli altri che lavorano nelle stanze della Banca Privata Italiana hanno di continuo la percezione dell'onnipotenza del banchiere. I documenti ufficiali, i verbali dei consigli d'amministrazione e dei collegi sindacali, ma anche le carte non ufficiali, le lettere, gli appunti non rivelano mai il piú marginale dissenso. Sindona fa ciò che vuole, come vuole, quando vuole. Non c'è mai neppure una parvenza di discussione, disaccordo, dissociazione, confronto. È un sistema totalitario, il sistema Sindona, un sistema assoluto senza mai un accenno di statuto. Alle compiacenze e alle protezioni di fuori corrisponde l'ubbidienza assoluta di dentro.

I collaboratori di Sindona hanno, tutti o quasi, il medesimo marchio, sono giovani, molto ambiziosi, tecnica-

CAPITOLO SETTIMO

mente preparati, non antagonisti, con deboli doti di carattere, non si pongono problemi di moralità, di civismo, di rispetto della legge naturale e scritta. Conta la disponibilità, il servir piacendo o non piacendo. Sindona è il capo indiscusso e anche quando, dopo il 1973, il suo sistema visibilmente degenera, non c'è nessuno dei dirigenti che lavorano con lui capace di affrontarlo e anche senza dovergli dire che è arrivato il principio della fine gli sveli almeno qualche barlume di verità.

Sindona è il maestro, il creatore. L'ubbidienza dei dipendenti è una virtú assoluta, solo i modi di interpretare i suoi ordini sono differenti. La tecnica bancaria illecita e fraudolenta ha metodi molto piú raffinati alla Banca Privata Finanziaria dove l'impronta di Sindona è maggiore. E è invece piú grossolana alla Banca Unione dove le trame risultano monotonamente ripetitive. E infatti le operazioni della Banca Unione vengono ricostruite dal commissario liquidatore nella loro quasi totalità, mentre le operazioni della Banca Privata Finanziaria restano in qualche caso irrisolte.

Giorgio Ambrosoli ha per Sindona una grande curiosità umana. Ogni giorno si sente addosso i cascami di quel fantasma che lo inquieta. Razionale, incapace di fantasia e di accensioni com'è, prova persino lui l'attrazione nei confronti del genio criminale. Sogna di conoscere il banchiere, di parlargli.

Sindona, in quei mesi del 1975, sta facendo una tournée di conferenze nelle università degli Stati Uniti. Deve tirare un po' su la sua immagine dopo il fallimento della Franklin National Bank e dopo le cattive notizie arrivate dall'Italia.

L'8 ottobre 1974, pochi giorni dopo il crack della Banca Privata Italiana, l'Office of the Comptroller of the Currency, l'organo di controllo sulle banche nazionali, ha dichiarato il fallimento della Franklin. La banca è stata immediatamente messa all'asta e tra le quattro banche che hanno partecipato all'incanto, la maggiore offerta – 125 milioni di dollari – è stata quella della European American Bank and Trust di cui era proprietario un consorzio di banche europee: olandesi, austriache, tedesche, inglesi e francesi[3].

Il Fdic, Federal deposit insurance corporation, l'ente federale che assicura i depositi bancari, ha dichiarato vincente la European American Bank e il 9 ottobre gli sportelli della Franklin sono stati aperti sotto la nuova gestione.

Sindona si consola, cerca di esorcizzare i guai giudiziari e il temuto mandato di cattura facendo le pubbliche relazioni e dando un'illuminata idea di se stesso. Il 15 aprile parla del «Fantomatico petrodollaro» alla University of Pennsylvania, il 12 giugno dell'«Inflazione degli anni '70» alla New York University, il 5 agosto delle «Multinazionali» alla Columbia University, il 2 ottobre dell'«Oro e del sistema monetario internazionale» al Massachusetts Institute of Technology, il 22 ottobre dei «Cambi e del sistema monetario internazionale» alla University of San Diego, il 23 ottobre degli «Aiuti ai paesi poveri» alla University of California a Los Angeles.

Discetta con verve, usa l'autorità di un capo di Stato o di governo: «Per mettere un po' di ordine in questo caos, appositamente a mio avviso creato da chi ha un preciso interesse a distruggere l'economia di mercato del mondo li-

---

[3] Joan Edelman Spero, *Il crollo della Franklin National Bank*, il Mulino, Bologna 1982. Le banche che possedevano azioni della European American Bank erano l'Amsterdam-Rotterdam Bank N. V., il Creditanstalt-Bankverein, con sede centrale a Vienna, la Deutsche Bank A. G., con sede centrale a Francoforte, la Midland Bank Limited, con sede centrale a Londra, la Société Générale de Banque S. A., di Bruxelles, la Société Générale, con sede centrale a Parigi.

CAPITOLO SETTIMO

bero – dice alla University of Pennsylvania – e per ridare inoltre fiducia soprattutto nella consistenza economica e finanziaria del solo paese che è ancora in grado di dirigere e mantenere un sistema monetario capace di far fronte alle necessità per un ordinato sviluppo dell'economia occidentale, sarà bene soffermarsi su alcuni punti che sono basilari per l'interpretazione di certi fenomeni, e suggerire quindi quei provvedimenti che ritengo ormai urgenti e essenziali».

Alla New York University dà consigli sull'inflazione. È un uomo d'ordine, duro, moralistico: «Il pubblico, l'investitore, il risparmiatore che impiegano il proprio denaro in società che espongono dei valori o dei risultati che nulla hanno a che vedere con l'effettiva realtà economica dell'impresa, vengono oggi "legalmente" ingannati e sono soggetti spesso a spiacevoli sorprese». E ancora: «Un giorno, il senatore italiano Cesare Merzagora mi diceva: "Uno dei piú grossi guai dell'economia italiana è l'avere offerto – sotto pretestuose ragioni di ordine sociale – la convinzione agli imprenditori che non hanno piú il diritto-dovere di fallire". Concordo in pieno. Quando lo Stato si assume gli oneri degli errori imprenditoriali, oltre a commettere un'azione assai discutibile, impone al sistema economico costi superflui e quindi quel genere di inflazione che deve essere assolutamente evitato».

Alla Columbia University esalta le società multinazionali, l'apertura delle frontiere. Spazia nello spazio, parla di future basi imprenditoriali nel cosmo. Appena può cita se stesso. Dice al Mit: «Il primo dicembre 1973, in occasione di una mia "lecture" alla University of Chicago affermavo: "Con la caduta degli accordi di Bretton Woods è caduto il principio di lealtà tra i partecipanti al Fondo monetario internazionale. Ogni sforzo per scongiurare un simile risultato è stato vano, perché è mancata in sostanza la volontà delle nazioni di integrarsi in un sistema soprannazionale. Anche quest'anno al Fondo monetario internazionale ci si è limitati a trattare i problemi in modo parziale, impantanandosi in sterili polemiche e perdendo di vista quello che è il problema sostanziale: l'ordine nel sistema monetario internazionale, che presuppone la rinuncia ad alcune prerogative nazionalistiche e una collaborazione effettiva avente lo scopo di emettere norme che consentano di mettere a disposizione la necessaria liquidità». Il suo problema. Ne parla anche alla University of San Diego: «È impossibile programmare interventi per aiutare i paesi poveri senza aver risolto il problema della liquidità, cosí come è impossibile pensare a un ordinato sistema di cambi fissi, aggiustabili entro margini prefissati, o liberi, senza disporre appunto di una liquidità che consenta di affrontare le necessità degli scambi e degli investimenti».

Alla University of California torna ancora sull'argomento: «In diverse occasioni ho avuto l'onore di parlare in università americane, e ripetutamente, a partire dal 1972, ho sostenuto, nel corso di quei miei interventi, che per risolvere il problema della liquidità internazionale occorre fare ricorso ai Diritti Speciali di Prelievo».

Se li è assicurati da tempo.

Capitolo ottavo

«Entravano in piazza. Gli striscioni ormai li avevano arrotolati. Per tutto il pomeriggio, davanti al Comune, avevano gridato che la casa è un diritto. (...) Poi i colpi. Uno, due, brevi, secchi. Per Claudio Varalli, la primavera finiva cosí, a sedici anni. Col viso solo un po' stupido. I fascisti erano scappati. Verso la Questura.

«Il giorno dopo c'eravamo tutti. Scendevamo per corso di Porta Vittoria, in un silenzio strano. Di tanto in tanto, una voce: "Almirante", e il corteo dietro, per quanto era lungo, "Assassino", rispondeva. Sapevamo dove andare. Per anni, da via Mancini, dov'è la sede dell'Msi, erano usciti con catene, con coltelli, con pistole. Sapevamo anche che non ci avrebbero fatto arrivare fin là. Ma eravamo in tanti. E la fotografia di quel ragazzo sull'asfalto era negli occhi di tutti. (...) Continuavamo ad andare. Molti col fazzoletto sul viso. Altri col tascapane gonfio di sassi»[1]. Le strade e le piazze di Milano ribollono, in quell'aprile 1975. I lacrimogeni graffiano la gola e fanno male agli occhi. Non serve l'antidoto dei limoni da masticare venduti da chi non ha smarrito lo spirito imprenditoriale, davanti all'Università, vicino al Duomo, al Cordusio, nei posti dove passano e si scontrano i cortei. Una città di tensioni visibili, di urla, di scoppi improvvisi, di fughe, di voci in-

---

[1] Giulio Stocchi, *Compagno poeta*, Einaudi, Torino 1980.

controllate, di violenza, di passioni. Una città di giovani morti.

«Il giorno dei funerali di Giannino, i Navigli brulicano di gente, di bandiere, di striscioni. E tanti fiori. Li portavano davanti a tutti, delle compagne. Giovanissime. Un canto sommesso rompeva appena lo scalpiccio dei passi»[2].

Chissà che cosa prova Giorgio Ambrosoli che vive con quel pensiero dominante della banca, quando esce dal suo studio e si trova su un simile palcoscenico. Si sente un forestiero approdato in una città dove sono esplosi inesplicabili tumulti?

Sono mesi e anni di crisi profonda. Le riforme proclamate e non fatte o malfatte; la cattiva amministrazione; la strategia della tensione, con il suo carico di stragi che segnano puntuali i momenti dei possibili cambiamenti; i servizi segreti operanti contro lo Stato che dovrebbero tutelare; la giustizia che ha lasciato impuniti atroci delitti; la questione meridionale perennemente aperta; il divario tra Nord e Sud sempre più marcato; i problemi sociali sempre più acuti; la corruzione che comincia a penetrare in tutti gli strati della società; l'immobilismo politico; il sistema democratico bloccato da trent'anni, sono i segni visibili del paese malato.

Il ministero Rumor è durato fino al marzo 1974. Poi, per altri otto mesi, ha governato un nuovo ministero Rumor, con Giulio Andreotti alla Difesa ed Emilio Colombo al Tesoro. In novembre viene varato con fatica un bicolore presieduto da Aldo Moro, con Ugo La Malfa vicepresidente del Consiglio, Colombo al Tesoro, Luigi Gui agli Interni e Arnaldo Forlani alla Difesa. Durerà fino al gennaio 1976.

[2] *Ibid*. Claudio Varalli e Giannino Zibecchi sono due giovani della sinistra extraparlamentare.

CAPITOLO OTTAVO

Le elezioni amministrative che si svolgono il 1975 rivoluzionano il panorama politico. La Dc ci͟o͟ 35 per cento dei voti, il Pci sale al 33 per cento. La sinistra unita raggiunge il 47 per cento. Sui palazzi di città, a Torino, Milano, Venezia, Firenze, Napoli e su migliaia di altri centri urbani sventolano le bandiere rosse delle giunte di sinistra. La Democrazia cristiana, annichilita, è anche una rissosa giocatrice. Fanfani, di nuovo sconfitto, viene accantonato. Benigno Zaccagnini diventa il portabandiera del rinnovamento dalla faccia pulita.

Il 24 agosto 1975, pochi mesi prima della morte, in quel suo ultimo, folgorante e tragico anno di vita, Pier Paolo Pasolini scrive sul «Corriere della sera» il famoso articolo *Il Processo*, le ragioni per cui devono essere processati i dirigenti della Democrazia cristiana:

> (...) Dunque: indegnità, disprezzo per i cittadini, manipolazione di denaro pubblico, intrallazzo con i petrolieri, con gli industriali, con i banchieri, connivenza con la mafia, alto tradimento in favore di una nazione straniera, collaborazione con la Cia, uso illecito di enti come il Sid, responsabilità nelle stragi di Milano, Brescia e Bologna (almeno in quanto colpevole incapacità di punirne gli esecutori); distruzione paesaggistica e urbanistica dell'Italia, responsabilità della degradazione antropologica degli italiani (responsabilità, questa, aggravata dalla sua totale inconsapevolezza), responsabilità della condizione, come si usa dire, paurosa, delle scuole, degli ospedali e di ogni opera pubblica primaria, responsabilità dell'abbandono «selvaggio» delle campagne, responsabilità dell'esplosione «selvaggia» della cultura di massa e dei mass-media, responsabilità della stupidità delittuosa della televisione, responsabilità del decadimento della Chiesa, e infine, oltre a tutto il resto, magari anche distribuzione borbonica di cariche pubbliche ad adulatori.
>
> Ecco l'elenco (...) l'elenco «morale», dei reati commessi da coloro che hanno governato l'Italia negli ultimi trent'anni, e specie negli ultimi dieci: reati che dovrebbero trascinare almeno una dozzina di potenti democristiani sul banco degli imputati, in un regolare processo penale, simile, per la precisione, a quello celebrato contro Papadopulos e gli altri Colonnelli.

Perché insisto sempre a ripetere «specie negli ultimi dieci anni»? Perché è appunto negli ultimi dieci anni che un modo di governare non solo tipico, ma direi, naturale, di tutta la storia italiana dall'unità in poi, si è configurato come un reato o come una serie di reati[3]. (...)

Ambrosoli mette quasi subito le mani su un magma di illegalità dal nome suadente, i depositi fiduciari. La Banca Unione e la Banca Privata Finanziaria hanno fatto dal 1969 depositi di denaro presso banche estere del gruppo o vicine al gruppo: la Finabank di Ginevra, l'Amincor di Zurigo, la Privat Credit Bank di Zurigo, la Gutzwiller di Basilea, la Wolff di Amburgo, la Herstatt di Lussemburgo, la Bankinvest di Cayman Island, la Neue Bank di Zurigo, la Banque de Vernes di Parigi. Un accordo riservato ha impegnato le banche a dare quei soldi che figurano come depositi liquidi, a società del gruppo o collegate al gruppo, l'Edilnassau, la Fasco A. G., l'Uranya Hellas, l'Akamar, la Finabank, l'Amincor, la Capisec, la Roselyn Schipping, la Rossari & Varzi, la Geminal, l'Idera, la Kamiene Holding.

Spiega Giorgio Ambrosoli nella sua seconda relazione al giudice istruttore: la banca estera «aveva ricevuto un deposito e quindi le istruzioni di considerarlo come fiduciario e di trasmettere l'importo a suo nome, ma a rischio e pericolo del mandante, Banca Unione e Banca Privata Finanziaria, alla società X: la banca estera eseguiva le istruzioni e accreditava la somma alla società indicata. A questo punto nulla doveva alla mandante italiana: debitrice era la società X che, alla scadenza, avrebbe dovuto restituire l'importo alla banca estera che lo avrebbe riconosciuto alla mandante italiana».

---

[3] Pier Paolo Pasolini, *Lettere Luterane*, Einaudi, Torino 1976.

CAPITOLO OTTAVO

I depositi fiduciari sono serviti per finanziare società del gruppo Sindona, ma sono stati usati anche per altri scopi: le società riversavano le somme ricevute dalle banche svizzere alle banche italiane in apparente garanzia dei finanziamenti. E poi sono serviti per finanziare società estranee al gruppo e per acquistare partecipazioni estere senza dover chiedere autorizzazioni agli organi di vigilanza. La Banca Privata Finanziaria aveva cosí acquistato partecipazioni nella Società Immobiliare, nella Banca generale di credito, nella Ward Foods. La Banca Unione aveva acquistato partecipazioni nell'Amincor, nella Interlakes, nella Venchi Unica, nella Pacchetti, nella Ward Foods.

Sono state cosí violate un'infinità di norme della legge bancaria e del codice penale. Ambrosoli appare esterrefatto nella sua relazione: «Quello che è un istituto tra i piú comuni del sistema finanziario soprattutto svizzero, il mandato fiduciario, veniva snaturato e utilizzato dalle due banche italiane in modo anomalo: fiduciario era l'operato della banca estera, ma carpita era la fiducia della Banca Unione, come del creditore delle due banche italiane, di chi con esse operava, degli organi istituzionali di vigilanza e ciò perché l'apparente iscrizione delle somme come depositi in valuta presso banche estere dava convincimento della liquidità e solvibilità, che si sarebbero poi mostrate inesistenti, quando fu chiarito che non vi erano affatto i depositi e che al contrario si trattava di crediti di dubbio o impossibile recupero».

Il commissario liquidatore è convinto che i depositi fiduciari e l'uso delle banche per gli scopi piú disparati siano tra le maggiori cause del dissesto, «sia per la illiquidità sia per la difficoltà di ottenere il rimborso da parte degli affidati sia di realizzare le partecipazioni». Ambrosoli è molto critico non solo nei confronti di Sindona, ma anche dei dirigenti e degli amministratori delle sue banche e società e delle banche straniere che hanno operato in modo fraudolento, per ottenere commissioni, per affari complici.

La relazione conclusiva della Commissione parlamentare d'inchiesta sul caso Sindona che spiega la tecnica dei depositi fiduciari è anch'essa accusatoria: «Il denaro affluiva in divise estere, verso banche straniere compiacenti e i depositi venivano costituiti regolarmente, e nell'apparente rispetto della normativa valutaria allora vigente. Ma contemporaneamente e segretamente, con un patto in cui la banca estera assumeva il semplice ruolo di intermediaria senza proprie responsabilità, le banche straniere venivano impegnate a versare – a nome proprio ma a rischio e per conto della banca depositante – il denaro depositato, per un periodo di tempo illimitato, a destinatari determinati che erano poi società dello stesso Sindona che operavano all'estero. In sostanza, con i "depositi fiduciari" le banche di Sindona effettuavano all'estero investimenti di vario genere, con operazioni che erano perciò di vero e proprio autofinanziamento e che dunque violavano le norme della vigente legge bancaria, e in particolare l'articolo 38 della stessa. Le operazioni non venivano contabilizzate per quelle che erano, e cioè come impieghi e immobilizzo di denaro all'estero, ma come depositi pienamente disponibili e che quindi attestavano la liquidità della Banca Unione e della Banca Privata Finanziaria.

«(...) la vera natura dei "depositi fiduciari" sfuggí, almeno inizialmente, ai controlli dell'autorità monetaria italiana e finí per essere una delle cause principali del crack. In effetti, i depositi presso banche estere, apparentemente prelevabili in ogni momento, cosí come avviene con i libretti di risparmio, furono impiegati, o meglio si di-

CAPITOLO OTTAVO

rebbe sperperati, in imprese finanziarie rivelatesi avventate o in atti di corruzione politica»[4].

È un tourbillon di milioni e di miliardi che sembrano entrare e uscire dal baraccone di una fiera delle meraviglie. Sindona è l'inventore del marchingegno, l'uomo ai pulsanti che non si stanca mai di ricominciare da capo se il suo gioco una volta fallisce.

È un funambolo, un esibizionista. Nella lunga intervista concessa nel carcere di Voghera al giornalista americano Nick Tosches spiega i modi per riciclar denaro, dai sistemi piú semplici a quelli piú sapientemente confusi e sofisticati.

> C'è poi un altro sistema, – disse. – (...) È il piú pericoloso di tutti (...)
> Hai depositato i tuoi soldi sporchi a Hong Kong o a Singapore a nome della tua società fantasma. Ora compri un'opzione yen, diciamo 240 yen il dollaro. Essa ti dà diritto, ma non ti obbliga a comprare 24 miliardi di yen contro cento milioni di dollari da qui a sei mesi. L'aggio sull'opzione è di un milione di dollari.
> Se durante i sei mesi lo yen scenderà a, diciamo, 260 il dollaro, potrai acquistare i 24 miliardi di yen sul mercato libero per 92 milioni di dollari, oppure potrai vendere il contratto d'opzione. In ogni caso ne avrai un guadagno di sette milioni di dollari, cioè otto milioni meno un milione di aggio.
> La tua contropartita nell'affare è ufficialmente la banca di Hong Kong o di Singapore. In realtà, però, essa agisce nell'interesse della società fantasma che ha depositato presso di lei i soldi sporchi. Quindi, i sette milioni di dollari che hai guadagnato non verranno registrati come perdita della banca, ma come perdita della tua anonima società.
> La transazione ha occultamente trasformato sette milioni di dollari di denaro sporco in un guadagno pulito. Non hai realmente perso un milione di dollari di aggio sull'opzione perché esso è stato pagato alla società fantasma che ha fatto da intermediario nell'affare, e quindi a te stesso. (...)

[4] Commissione Sindona. Relazione conclusiva Azzaro cit., p. 44.

Un uomo che abbia una certa esperienza di questo sistema può, in pratica, comprare e vendere la stessa opzione molte volte durante il periodo di sei mesi seguendo le fluttuazioni del mercato. In questo modo gli sarebbe possibile rendere puliti centinaia di milioni di dollari in un tempo relativamente breve»[5].

Sindona parla come un teorico sommo – produzioni di merci pulite a mezzo di merci sporche – parla come un maestro rinomato, come un professore di Scienze delle finanze. Non è accreditato dalle prestigiose università americane?

Nell'ottobre 1975, Ambrosoli riceve un telex dalla Finabank di Ginevra: gli comunica che ci sono in deposito tutte le 4000 azioni della Fasco Aktiengesellschaft, con sede a Vaduz nel Principato del Liechtenstein. Il deposito è intestato alla Banca Privata Finanziaria. Ambrosoli non perde tempo, si consiglia con pochi e il 10 ottobre va a Ginevra, negli uffici della Finabank, in rue de la Bourse 2, dove mostra il suo decreto di nomina a commissario liquidatore che lo legittima a operare. Come azionista di maggioranza della Fasco, Ambrosoli indice, nel pomeriggio dello stesso giorno, un'assemblea straordinaria della società, la presiede, fa decadere i vecchi amministratori – Sindona, Nico Schaeffer, Arno Scalet –, revoca le procure generali a Sindona e a Magnoni, nomina i nuovi amministratori – Francesco Debicke van der Noot, Luigi Pollini, Peter Ritter. L'assemblea dura mezz'ora. La sera, Ambrosoli, nuovo presidente della Fasco, torna a Milano.

«Con un'azione rapida ho ottenuto dalla Finabank le azioni della Fasco e le ho trasferite in un'altra banca. Non mi chieda dove, sarebbe ingenuo: voglio tenerle ben lontane dagli uomini di Sindona»[6].

[5] Tosches, *Il mistero Sindona* cit.
[6] «L'Espresso», 1° febbraio 1976.

CAPITOLO OTTAVO

La Fasco è il cavallo di Troia del sistema sindoniano, la chiave che permette ad Ambrosoli di venire a conoscere le misteriose società della costellazione. La Fasco è la capogruppo, il perno, la matrioska madre: dentro ci sono le matrioske figlie, un gran numero di società, quasi trecento. Le piú note sono la Gadena A. G., la Menna A. G., la Mabusi A. G., la Kilda A. G., la Sapi A. G., la Kaitas A. G., l'Isernia A. G., la Maga A. G. E poi le matrioske nipoti e bisnipoti. Ambrosoli apre la pancia delle bambole, ora ha la possibilità di chiedere informazioni alle banche sui passati movimenti di denaro senza dovere assoggettarsi alle problematiche rogatorie internazionali. Ogni giorno sa qualcosa di piú su Sindona, i flussi e i riflussi di denaro, può collegare i tasselli, riempire gli spazi rimasti bianchi e vuoti.

Dopo il blitz della Fasco, Sindona si infuria. Fa denunce alla magistratura, all'Ordine degli avvocati, alla Banca d'Italia, intenta processi, accusa Ambrosoli di avergli rubato le azioni. Capisce subito l'importanza di quanto è accaduto. Il commissario liquidatore possiede ora le chiavi piú segrete per capire i meccanismi delle sue banche. Si rende anche conto che Ambrosoli non è un avvocato qualunque, ma un uomo deciso, duro, pervicace, difficile da controllare. L'ha sottovalutato.

«Sindona entrò particolarmente in allarme verso la fine del 1975, quando il commissario liquidatore, nell'ambito della sua attività recuperatoria, riuscí a entrare in possesso di 4000 azioni al portatore costituenti l'intero capitale sociale della Fasco A. G., società capogruppo del suo impero e, come emergerà in seguito, beneficiaria di fondi distratti dalla Banca Unione e dalla Banca Privata Finanziaria.

«Infatti il 15 gennaio 1976 la difesa di Sindona presentò alla Questura di Milano una denuncia diretta al Procuratore della Repubblica, contro l'avvocato Giorgio Ambrosoli, accusandolo di essersi indebitamente appropriato delle azioni Fasco. Poco piú di un mese dopo, Sindona pubblicizzò adeguatamente la denuncia con una intervista rilasciata al giornale «Il Fiorino», nella quale, tra l'altro, il commissario liquidatore era definito un incapace. La denuncia contro Ambrosoli venne poi archiviata il 15 giugno 1976»[7].

Anche Ambrosoli ha notizia del risentimento di Sindona: «Al Palazzo di giustizia – gli domanda un giornalista – è noto che Sindona le ha fatto pervenire minacce di stampo mafioso...»

Ambrosoli: «Sí, è vero. Hanno attribuito a Sindona questa frase diretta a me: "La vendetta è piú bella quando è lontana"»[8].

E a un altro giornalista che gli chiede perché si parla di lui come del «nemico di Sindona», Ambrosoli risponde cosí: «È molto semplice, mi pare. Sono diventato "il nemico di Sindona" ma non mi sono accaparrato l'amicizia dei potenti. Insomma, liquidando la banca di Sindona ho dovuto pestare i piedi a molta gente che abita nel "palazzo". Per esempio, ecco l'ultima pratica: ho dovuto rivolgermi, qualche giorno fa al tribunale per farmi restituire dall'Irades i 10 milioni che ebbe da Sindona. Vuol sapere chi è il presidente di questo istituto di studi sociologici? È l'onorevole Piccoli che i dieci milioni li ebbe direttamente dalle mani di Sindona e che ora dice di non doverli restituire»[9].

[7] Sentenza della prima Corte d'Assise di Milano, presidente estensore Camillo Passerini, 18 marzo 1986, p. 126.
[8] «Il Giorno», 1° febbraio 1976.
[9] «L'Espresso», 1° febbraio 1976 cit. Della vicenda Irades, l'Istituto ricerche applicate documentazione e studi, anche in Commissione Sindona. Relazione conclusiva Azzaro cit., p. 73.

CAPITOLO OTTAVO

Della Fasco, Ambrosoli parla persino in casa. La notte che torna da Ginevra cerca di spiegare ad Annalori che cosa è successo e su un foglio quadrettato costruisce un grafico e disegna le società che come bisce si snodano e si nascondono dietro la Fasco A. G. Lontano dalle sue abitudini, l'avvocato coinvolge la moglie. Per la contentezza, ma anche per far capire, senza inquietare, com'è pericoloso e difficile il lavoro che sta facendo.

Capitolo nono

Il 7 gennaio 1976, Giorgio Ambrosoli comincia a tenere un frettoloso diario sulla sua agenda. Lo scrive a notte alta con una calligrafia nervosa che sembra graffiare la carta. Poche righe per ogni pagina, qualche volta la pagina resta bianca. Un qualsiasi diario di lavoro, un promemoria fatto di note spezzate, di incisi spesso cifrati, di parole isolate, di gerghi tecnici, ma la suggestione è forte, se si pensa al destino di chi scrisse ogni notte quegli appunti sul tavolo Impero di casa e se si pensa come e perché è morto Giorgio Ambrosoli. In nome della comunità che sembra non ricordare e ha creato nel frattempo nuovi Sindona e si lascia ancora governare da uomini che in quella cupa vicenda ebbero gravi responsabilità politiche e morali.

Il diario è qualche volta un reticolo incomprensibile. La liquidazione della banca è ossessivamente protagonista di ogni pagina, di ogni nota: l'Edilnassau, l'Edilcayman, la Capisec, l'Urania, l'Immobiliare, la Finambro, la Fasco, l'Albalux, l'Idera, l'Arana, la Westminster, la Nuova Scotia. E anche i nomi sono ogni volta gli stessi, Urbisci, Viola, Novembre, Tino, Storoni, Sarcinelli e poi, di continuo, M.S., Michele Sindona, Gilardelli, Bordoni, Pier Sandro Magnoni, Guzzi, Andreotti e poi i luoghi, Lugano, Vaduz, Ginevra, Londra, New York, Zurigo, Roma.

E ogni tanto – sembra una piccola polla d'acqua in un deserto – fa capolino qualche nota famigliare: una vacan-

CAPITOLO NONO

za a Bormio, l'Alfetta nuova, lo zio Rinaldo, la nomina a presidente del consiglio dell'asilo, il compleanno di Betò.

In ogni pagina rimbalzano notizie di cause, istruttorie, cauzioni, sequestri, interrogatori, aste, azioni giudiziarie, conflitti, scontri di interessi, lotte di fazione, personaggi limpidi e personaggi equivoci, amici di Sindona e uomini della grigia terra di nessuno.

Ambrosoli si batte come un dannato, anche la piú piccola questione è per lui una questione di principî. Lamenta le lungaggini dei giudici, si stupisce dell'impudenza dei politici, giudica con severità, allibito, le azioni oscure di coloro che dovrebbero e potrebbero essere dalla parte della legge e sono invece ostili, ingannevoli, doppiogiochisti.

25 marzo 1976: «Fignon dimissionario da Pres. Bco Messina: la banca è in mano a M.S.!»

«Parlo con Martines [cognato di Sindona] e decido di non mandare Chiesa [funzionario del Banco di Roma]. Il colpo di B.R. [Banco di Roma] è basso e reagisco: chiedo a Banca Italia di ordinare ispezione ordinaria: cosí fino a dopo l'assemblea non succederà nulla. Nominerò Marchese Stellario Pres. e chiederò riduzione numero consiglieri a 5».

22 maggio 1976: «Vedo Broggini [un amico avvocato]. È l'unico che veda bene con me la faccenda Fasco. Scriviamo a Ritter di muoversi lui per avere l'amministrazione di Kilda, Mabusi, Gadena e Fasco Europe. Se il tribunale dichiara i fallimenti di Capisec, Arana, le Sas, Finambro, mi dimetto. Galati [il giudice istruttore] non ha ancora depositato».

1° giugno 1976: «Storoni – a colazione da lui e quindi alle 15,30 a Banco Roma: c'è Medugno, Guidi, Barone, Rubbi, Calabria. Chiedo un intervento di Medugno per evitare fallimento (Finambro), ma lui rifiuta. Gli altri sembrano assurdamente tranquilli. Barone è un insulto: sembra quasi che abbia chiesto io i fallimenti – Medugno non mi convince».

6 ottobre 1976: «20,00 parto con Carlo deMo [De Mojana, notaio milanese, cognato di Pier Sandro Magnoni, amico di Ambrosoli] per Lugano. Alle 20,30 al Royal. Conosco P. S. Magnoni – c'è F. Bruno [imprenditore]. Freddezza iniziale. Attacchi per operazione Fasco e io uomo di "Mario" (Barone). Si sono accorti che non ero tale quando ho scelto gli avvocati – attacco a Tino! Bruno insiste per Generalfin. Replico su urgenza di definire la Fasco. M. è sorpreso e dice che deve riferire. Mi rendo conto che non sanno molto: meno che meno si rendono conto del punto cui siamo arrivati.

«Parliamo fino alle 2,30 e c'era un quinto posto a tavola non occupato: credo ci fosse la figlia di M.S. che ha fatto bene a non venire».

8 ottobre 1976: «Riferisco a Urbisci».

Il governo Moro - La Malfa cade nei primi giorni del gennaio 1976 per decisione del Partito socialista. Lo sostituisce il 12 febbraio un monocolore Moro. Quasi subito il presidente della Repubblica Leone scioglie le Camere. Le elezioni anticipate sono fissate per il 20 giugno.

«Il '76 entra nel lunghissimo elenco delle annate che in casa nostra volano via tra fasi interlocutorie, pause di riflessione, posizioni d'attesa, atteggiamenti flessibili, crisi extraparlamentari, congressi di partito straordinari e no. A sinistra spicca qualcosa di nuovo, la speranza del sorpasso: e nella Dc, nonostante Zaccagnini, qualcosa di vecchio, lo spirito della grande diga contro la marea rossa che sale»[1].

[1] Italo Pietra, *E adesso Craxi*, Rizzoli, Milano 1990.

CAPITOLO NONO

La situazione economica è preoccupante: «Lira a 880 lire contro dollaro», scrive Ambrosoli il 17 marzo; «Borsa e lira in tracollo», scrive il 13 aprile.

La Confindustria, la Chiesa, il segretario americano Kissinger, Indro Montanelli che invita i suoi lettori a votare Dc «turandosi il naso», sono i capisaldi del muro conservatore contro il Pci, mentre sono esplosi lo scandalo dei finanziamenti della Cia a uomini politici italiani e al capo dei servizi segreti e lo scandalo per le forniture degli aerei militari Lockheed, tre miliardi, per corrompere politici e funzionari italiani e convincerli a acquistare gli Hercules C 130.

Il sorpasso della sinistra fallisce, la Dc risale la china arrivando al 38,8 per cento dei voti; il Pci raggiunge il 34,4 per cento.

«Risultati elett. pessimi», commenta Giorgio Ambrosoli il 21 giugno. Si riferisce con ogni probabilità alla grande forza della sinistra.

Stefano Rodotà, invece, qualche mese dopo fa un commento amaro: «Basta pensare allo scoramento che tanti hanno provato all'indomani delle votazioni del 20 giugno (...) che premiavano proprio il protagonista vero dello scandalo, il partito della Democrazia cristiana. Scoramento misto a delusione e rabbia. Ma come, – ci si domandava, – neppure la prova di una corruzione tanto massiccia riesce a scuotere la pigrizia elettorale, a provocare la pacifica rivolta delle schede?»[2].

Il 13 luglio 1976, Giulio Andreotti riceve l'incarico di formare il nuovo governo, un monocolore democristiano detto della «non sfiducia» fondato sull'astensione di tutte le forze politiche, escluso il Msi.

La solidarietà nazionale e l'austerità predicata da Ber-

---

[2] Stefano Rodotà, prefazione a Maurizio De Luca, Paolo Gambescia e Fabio Isman, *Tutti gli uomini dell'Antilope*, Mondadori, Milano 1977.

linguer non eccitano l'immaginazione: «Gruppi di ragazzi molto giovani, difficilmente al di sopra dei ventidue-ventitre anni, cominciano a guardare con attenzione alle esperienze della lotta armata. Le Br erano state considerate fino allora come delle mosche sulla pelle dell'elefante, ma la crisi dell'organizzazione di Lotta Continua, materna, solida, rassicurante, la caduta delle speranze del 20 giugno, l'astensione del Pci regalata alla Dc, la teoria considerata vincente del compromesso storico, la prospettiva di un'alleanza durevole tra i due maggiori partiti e quindi il fallimento dell'idea di rivoluzione, astralmente lontana, contribuiscono a far guardare la lotta armata come una ineluttabilità»[3].

Michele Sindona gioisce per l'incarico ministeriale a Giulio Andreotti. Lo annota Ambrosoli nel suo diario il 19 luglio 1976: «Rossi [un imprenditore che ha acquistato un'azienda negli Stati Uniti] ha visto M.S. ma a vuoto. Lamenta mia acrimonia (...) Contento per Andreotti, suo amico; Medugno suo amico. Tesoro Usa lo difende per operazioni sul dollaro. Cena Broggini Rotary Sud».

L'atteggiamento nei confronti del commissario liquidatore si fa piú aggressivo, come se Sindona fiutasse un'aria per lui favorevole. Ha necessità di una soluzione positiva in Italia che abbia efficacia anche negli Stati Uniti dove l'inchiesta sulla Franklin Bank volge al peggio.

Rodolfo Guzzi, avvocato civilista romano di Sindona, coordina la sua difesa e le pubbliche relazioni: nel 1976 – risulta dalla sua agenda – ha frequenti riunioni con il professor Agostino Gambino, un altro civilista che si interessa di Sindona e con l'ingegner Fortunato Federici, consigliere del Banco di Roma, amico di Sindona, amico di An-

[3] Testimonianza di un dirigente di Lotta Continua, in Corrado Stajano, *L'Italia nichilista*, Mondadori, Milano 1982.

dreotti, per studiare la situazione, scegliere i comportamenti piú efficaci, preparare e proporre un progetto di sistemazione e di salvataggio della Banca Privata Italiana e della Società Generale Immobiliare.

È proprio allora che nella vicenda Sindona compare Licio Gelli e con lui Umberto Ortolani e altri uomini della P2. Gelli diventa subito il vero deus ex machina: muove uomini e cose, consiglia, sprona, frena, intriga, mette in contatto i personaggi che contano con quelli ritenuti meritevoli e bisognosi. Licio Gelli è già allora il romanzesco faccendiere, il minuzioso archivista, il burattinaio che nell'intervista di Maurizio Costanzo pubblicata anni dopo sul «Corriere della sera» dirà di aver sempre sognato di essere[4].

O è soltanto un uomo di paglia al servizio di qualcuno ben piú potente di lui, un direttore generale dell'intrigo, piuttosto che un presidente? Manca ancora la prova materiale. Non sono stati sufficienti i risultati dell'inchiesta della Commissione parlamentare sulla P2 e le esperienze di un quindicennio, anche se non esistono piú misteri sulla sostanza della P2, i suoi collegamenti politici interni e internazionali, le sue complicità con certi personaggi – non ha importanza se figurano o meno nelle liste – ai vertici delle istituzioni della Repubblica. Gelli è il prodotto di una società politica in cui è connaturata la vocazione al compromesso legale e illegale, al pasticcio pretesco e occulto, ai modi obliqui, carezzevoli e insieme sinistri di affrontare i problemi.

Il caso Sindona è un esempio di questa politica nera. In nome del finanziere si muovono in modo ovattato e informe persone di ogni strato sociale, posizione, responsabilità: dal presidente del Consiglio dei ministri ai segretari di

[4] «Corriere della sera», 5 ottobre 1980.

partito, dagli alti magistrati ai generali agli autorevoli burocrati dello Stato giú giú fino alle segretarie particolari, agli impiegati d'ordine e al carrozziere del Prenestino che – come risulta dagli atti della Commissione Sindona – dice anche lui una parola a favore del finanziere all'autista dell'onorevole Colombo frequentatore del suo garage [5].

Sindona, nel giugno 1976, prega l'avvocato Guzzi di prendere contatto con Gelli. Il finanziere ha conosciuto l'uomo di affari di Arezzo due anni prima tramite il generale Vito Miceli, allora capo dei servizi segreti: «Ai primi del 1974 venne a trovarmi al Grand Hotel. Disse che desiderava farmi conoscere un tale Licio Gelli che, precisò, era un suo grande amico. Quando dissi che non sapevo chi fosse Gelli, il generale Miceli fu molto sorpreso. Chiarí che Gelli era il famoso capo della loggia massonica P2, tra i cui iscritti c'erano i personaggi piú importanti del mondo politico, giudiziario, finanziario e culturale italiano. Con un'alzata di spalle gli dissi che io non ero stato mai favorevole alle attività di gruppo, ma che sarei stato felice di conoscere quel suo amico. Fece una telefonata e mezz'ora dopo Gelli arrivò da me» [6].

Le strategie vengono subito pianificate. Il 21 agosto 1976 arrivano a Roma dagli Stati Uniti l'avvocato Paul Rao e Philip Guarino, un ex prete ora uomo d'affari, definiti come membri della «comunità italo-americana».

I due hanno un incontro con Giulio Andreotti. L'appuntamento è fissato per il 23 agosto. Lo ricorda l'avvocato Guzzi: «Venni richiesto da questi due personaggi che conobbi in quella circostanza di accompagnarli al

[5] Interrogatorio dell'avvocato Rodolfo Guzzi davanti ai giudici istruttori di Milano, Gherardo Colombo e Giuliano Turone, 4 settembre 1981, in Commissione parlamentare d'inchiesta sulla Loggia massonica P2. Allegati alla relazione, IX Legislatura, Doc. XXIII, n. 2 - quater / 1 / IV, pp. 677-931.
[6] Michele Sindona, in Tosches, *Il mistero Sindona* cit.

CAPITOLO NONO

Centro Studi di Giulio Andreotti in piazza Montecitorio. Salii con loro e ricordo che rimasi in una saletta di attesa nella quale l'on. Andreotti nel riaccompagnare i due personaggi ebbe modo di salutarmi. Voglio precisare che l'on. Andreotti conosceva me e mio padre, pittore Beppe Guzzi, da tempo per averci incontrato a mostre ufficiali di mio padre (...) Il colloquio avvenuto quando accompagnai Rao e Guarino al Centro Studi durò circa tre quarti d'ora, un'ora. Dalle parole dettemi da Guarino durante l'accompagnamento in albergo egli era molto soddisfatto dell'esito del colloquio perché a suo dire Andreotti aveva assicurato un completo interessamento»[7].

Il presidente del Consiglio della solidarietà nazionale parla «tre quarti d'ora, un'ora» con quegli oscuri emissari della «comunità italo-americana» arrivati per sostenere la causa di Michele Sindona, per chiedergli di interessarsi, di usare la sua influenza contro l'estradizione del finanziere – bancarotta fraudolenta, falso in bilancio – chiesta il primo marzo 1975 dal Ministero degli Esteri, tramite l'Ambasciata d'Italia, al Dipartimento di Stato americano.

«Si trattava di impedire, se possibile, o quanto meno ritardare, l'estradizione di Michele Sindona», dice l'avvocato Guzzi ai giudici.

E la via piú diretta sembra quella di chiedere un intervento, una raccomandazione, un aiuto al presidente del Consiglio, formale garante della procedura di estradizione, che non s'indigna per nulla con quei messaggeri, ma li accoglie con riverenza e assicura un «completo interessamento».

«Può spiegare a che titolo e per quale ragione – domandano i magistrati – Philip Guarino e l'avvocato Rao abbiano potuto chiedere un intervento di Giulio An-

[7] In Commissione P2 cit., p. 713.

dreotti per ritardare o porre nel nulla la richiesta di estradizione di Michele Sindona che evidentemente era partita dall'autorità governativa italiana?»

«Ritengo che fossero in grado di avanzare richieste del genere per i rapporti che esistevano tra l'on. Andreotti e la comunità italo-americana e in particolare, oltre che con Philip Guarino con Congressmen come Biaggi, Dominici, Crodino. Vi era un evidente interesse per l'onorevole Andreotti a mantenere presso la comunità italo-americana quelle entrature che lo avevano messo in primo piano negli Usa».

Usciti dallo studio di Andreotti, Guarino e Rao vanno a parlare con Licio Gelli: «Ma perché proprio con Gelli, Rao e Guarino dovevano parlare circa l'estradizione di Sindona?» chiedono i giudici.

«Dovevano sollecitare alcuni uomini politici, tra questi Giulio Andreotti che aveva dimostrato disponibilità, e la preoccupazione di Guarino era quella che una volta partito, il tutto cadesse nel nulla e allora invitava Gelli a tenere desto l'interesse. D'altro canto anche dall'America sia la comunità italo-americana, sia certi gruppi massonici (di qui l'intervento di Guarino e di Gelli) avrebbero dovuto sensibilizzare le personalità italiane per una definizione positiva della pratica di estradizione»[8].

Guarino e Rao devono aver portato notizie confortanti a Sindona. Il 28 settembre 1976, il banchiere, colpito da mandato di cattura, con una richiesta di estradizione sul capo scrive in questo modo al presidente del Consiglio Giulio Andreotti: «Illustre e caro Presidente, nel momento piú difficile della mia vita sento il bisogno di rivolgermi direttamente a Lei per ringraziarLa dei rinnovati

[8] In Commissione P2 cit., p. 716.

sentimenti di stima che Ella ha recentemente manifestato e per esporLe, proprio in considerazione dell'interessamento che Lei ha mostrato alle mie note vicende, la drammatica situazione in cui mi sono venuto a trovare». (...)

La lettera è speranzosa e intimidatoria insieme. Sindona ha bisogno – scrive – di «contrastare l'estradizione voluta dai giudici sulla base di un giudizio di preconcetta e preordinata colpevolezza; esercitare una pressione sull'apparato giudiziario e amministrativo; sistemare gli affari bancari della Banca Privata Italiana contemporaneamente a quelli della Società Generale Immobiliare per cui il presidente del Consiglio si è già mosso; chiudere la pagina di grave ingiustizia apertasi con la liquidazione coatta sí da dare tranquillità ai piccoli azionisti e al Banco di Roma che altrimenti resterebbe coinvolto; opporsi alla sentenza di insolvenza e premere per un positivo giudizio del tribunale amministrativo regionale che annulli il decreto di messa in liquidazione del ministro del Tesoro giungendo alla revoca della liquidazione della Banca Privata Italiana». (...)

Non è certo la lettera di un uomo rassegnato, una cambiale all'incasso, piuttosto, una resa dei conti: «La mia difesa, avrà come può immaginare, due punti di appoggio: quello giuridico e quello politico (...) Sarò costretto mio malgrado a presentare, per capovolgere a mio favore la situazione, i reali motivi per cui è stato emesso a mio carico un ingiusto mandato di cattura: farò cioè presente, con opportune documentazioni, che sono stato messo in questa situazione per volontà di persone e gruppi politici a Lei noti, che mi hanno combattuto perché sapevano che combattendo me avrebbero danneggiato altri gruppi a cui io avevo dato appoggi con tangibili e ufficiali interventi. (...) – E ancora: – Ritengo che la chiusura di situazioni difficili e complesse che coinvolgono anche enti e istituzioni di stato possa, nell'interesse della collettività e del Paese, starLe a cuore»[9]. (...)

Un impasto neppure troppo velato di blandizie, di minaccia, di ricatto, di lamento, una richiesta pressante di sorreggere chi è stato colpito per colpire l'interlocutore, un invito a non abbandonare chi in altre stagioni ha dato «appoggi con tangibili e ufficiali interventi».

Guido Carli, il 19 agosto 1975, ha lasciato dopo 15 anni il suo incarico di governatore della Banca d'Italia, sostituito da Paolo Baffi. Il 2 luglio 1976 diventa presidente della Confindustria. Ambrosoli lo annota nel suo diario. Come annota, il 15 novembre, un incontro con Mario Sarcinelli, vicedirettore generale della Banca d'Italia e responsabile della Vigilanza sulle aziende di credito: «Incontro Sarcinelli. Banca d'Italia sta crollando e Sarcinelli crolla fisicamente. Mai autorizzerà revocatorie alle banche, ma non devo chiedere istanze e per farle e per non farle quelle cause. La B.I. è con me – dice Sarcinelli – ma non devo chiedere coperture: me le daranno solo in caso estremo e sono balle. La B.I. di Carli non è già quella di ora e tra due anni come sarà? Comincio ad avere paura. È vero che la situazione economica nazionale non ci consente di agire contro banche estere, ma abbiano il coraggio di scriverlo e non scarichino sulle mie spalle tutto».

Ambrosoli è sconfortato, avverte intorno a sé un senso di sfacelo e di vuoto, si sente sempre piú solo. Sindona è all'offensiva. Ambrosoli, l'11 dicembre 1976, ha notizia degli affidavit, le dichiarazioni giurate a favore del banchiere firmate da personaggi piú o meno illustri, nel tentativo di strapparlo all'estradizione per la bancarotta frau-

---

[9] In Turone, Sentenza-ordinanza cit., p. 283, e in Commissione Sindona. Relazione di minoranza Teodori cit., p. 567.

dolenta chiesta dalla magistratura italiana alla giustizia degli Stati Uniti.

Scrive sull'agenda: «M.S. dice che è un perseguitato politico. Ha prodotto dichiarazioni di Anna Bonomi, Edgardo Sogno, Spagnuolo, Orlandi Psdi, e foto di scritte abbasso Sindona – l'unica scritta è all'angolo di via Bandello».

Le dichiarazioni degli amici di Sindona sulla situazione italiana sono fosche.

Carmelo Spagnuolo, già procuratore generale della Corte d'appello di Roma e poi presidente di sezione della Suprema Corte di Cassazione: «Sono a conoscenza delle accuse portate contro Michele Sindona. Ero a conoscenza di queste accuse in base a notizie di stampa ma le ho approfondite per la prima volta quando, assieme a altri quattro membri della massoneria, della fratellanza di piazza del Gesú, fui incaricato dal gran maestro dei massoni in Italia di indagare sui fatti per stabilire se Michele Sindona dovesse essere espulso dalla massoneria per comportamento indegno. In qualità di membro di questa commissione, ho effettuato indagini al riguardo e dopo un periodo di sei settimane la commissione ha presentato un rapporto in base al quale il sovrano dell'ordine ha redatto una relazione definitiva. La conclusione di questo rapporto è che non solo le accuse non sono fondate ma la stessa loro affrettata formulazione conferma ciò che molti in Italia sanno, e cioè che Michele Sindona è stato accanitamente perseguitato soprattutto per le sue idee politiche. Egli, secondo l'indagine della commissione, è stato accusato di reati che non ha commesso e di cui non può essere ritenuto in alcun modo colpevole (...) La particolare situazione politica in Italia è tale per cui non è esagerato pensare che le sinistre non si fermeranno davanti a nulla pur di mettere con le spalle al muro Sindona. Per esempio, era noto che la società controllata da Sindona (l'Immobiliare) programmava un ingente investimento nell'edilizia popolare. Questo piano per le sinistre rappresentava una seria minaccia: infatti, dare una casa agli operai, a prezzo equo, risolvendo uno dei piú acuti problemi sociali, avrebbe sopito il gran malcontento della classe operaia»[10].

Francesco Bellantonio, gran maestro della massoneria di piazza del Gesú, Flavio Orlandi, deputato del Psdi, ex segretario del partito, Edgardo Sogno, ex ambasciatore, Stefano Gullo, avvocato, tratteggiano anche loro i meriti di Sindona e i pericoli cui andrebbe incontro se tornasse in Italia. Anna Bonomi sottoscrive un affidavit tecnico, rievoca la trattativa che ebbe con Sindona nel 1973 per l'acquisto della Società Generale Immobiliare. John McCaffery, il vecchio amico, uomo dei servizi segreti inglesi, già responsabile in Italia della Hambros Bank, non si risparmia: «(...) Con La Malfa in una posizione chiave al Tesoro e con la rete di collegamenti economici e politici che ciò implicava, una persona come Sindona, apertamente e intelligentemente antisinistra, che lottava contro il dilagante controllo statale, e che stava rapidamente diventando la principale colonna italiana dell'iniziativa privata, nazionale e internazionale, era destinato a trovarsi in guai seri (...) Qualsiasi tentativo di Sindona di difendersi dalle accuse in Italia sarebbe inutile perché Sindona, contrariamente ai veri responsabili, è già stato processato e condannato nelle menti dei magistrati italiani».

Poi Licio Gelli: «Sono azionista e dirigente di una società italiana di confezioni per uomini e donne. Faccio parte di questa società da cinque anni. Precedentemente

---

[10] Con sentenza 26 gennaio 1979 della Sezione disciplinare del Consiglio Superiore della Magistratura, Carmelo Spagnuolo è stato colpito dalla sanzione della rimozione proprio per i fatti relativi al rilascio dell'affidavit a Michele Sindona, Foro Italiano, 1980, I, c. 1834.

sono stato per 11 anni direttore generale della Permaflex in Italia e prima ancora sono stato direttore commerciale della Remington Rand per la zona Toscana in Italia. In base alla mia esperienza, conosco le attuali possibilità che gli uomini di affari hanno in Italia. (...) L'influenza dei comunisti è già giunta in certe aree del governo (particolarmente nel ministero della Giustizia) dove, durante gli ultimi cinque anni, c'è stato uno spostamento dal centro verso l'estrema sinistra.

«Ho passato tutta la vita combattendo il comunismo. Quando avevo 17 anni ho lottato contro i comunisti in Spagna assieme a mio fratello. Soltanto io sono tornato vivo.

«Nella mia qualità di uomo d'affari sono conosciuto come anticomunista e sono al corrente degli attacchi dei comunisti contro Michele Sindona. È un bersaglio per loro e viene costantemente attaccato dalla stampa comunista. L'odio dei comunisti per Michele Sindona trova la sua origine nel fatto che egli è anticomunista e perché ha sempre appoggiato la libera impresa in una Italia democratica.

«È cosa nota nella comunità degli affari e nell'ambiente della stampa che, al momento della richiesta per l'aumento di capitale della Finambro, il Comitato interministeriale per il credito e il risparmio, che generalmente si riuniva una volta alla settimana, non fu convocato per circa un anno in modo da bloccare la richiesta della Finambro e conseguentemente causare il crollo degli interessi finanziari di Michele Sindona. Era altrettanto cosa nota nell'ambito politico e finanziario e nell'ambiente della stampa che Ugo La Malfa, allora ministro del Tesoro, nutriva un antagonismo personale e politico per Michele Sindona, basato sul fatto che quest'ultimo appoggiava la libera impresa ed era contrario alla nazionalizzazione dell'economia.

«Come ho già rilevato, la situazione in Italia ha raggiunto livelli minimi e sta deteriorandosi rapidamente a causa dell'infiltrazione della sinistra. In base alla mia conoscenza della situazione italiana, se Michele Sindona dovesse rientrare in Italia egli non avrebbe un equo processo e la sua stessa vita potrebbe essere in grave pericolo».

E infine Philip Guarino, il visitatore del presidente del Consiglio Andreotti del 23 agosto di quell'anno: «(...) In due occasioni mi sono incontrato con una importante personalità politica che aveva avuto e tuttora ha una posizione di grande rilevanza nel governo italiano. Non faccio il nome soltanto per le gravi conseguenze, per lui e per la Repubblica italiana, di una mia rivelazione. In entrambe le occasioni mi disse che Michele Sindona era evidentemente l'obiettivo di un perfido attacco politico, dato che i comunisti lo consideravano un importante nemico del loro partito e dei loro programmi di collettivizzazione e nazionalizzazione economica. Definí l'accusa contro Sindona per crimini economici come una maschera per camuffare la piú grave persecuzione politica nella storia recente d'Italia».

Capitolo decimo

Il silenzio della città è opprimente. È la stessa Milano delle grandi marce solidali, delle lotte per i diritti civili in nome della Costituzione, la città che negli anni del terrorismo fa da teatro agli atroci assassinii annunciati dal giornale radio delle 8 della mattina? Le sagome bianche disegnate col gesso sui marciapiedi, lo smarrimento, la paura, l'imbarbarimento. Rivoluzione significa uccidere come killer sulla porta di casa?

La città è deserta, la sera. Dalle strade vuote si intravede la catena ininterrotta delle luci azzurrine dei televisori. Le poche voci rimbombano.

Le tossine velenose, le violenze che affioravano in alcune frange del movimento di massa sono state sottovalutate. Anche perché esisteva la convinzione che quelle tossine sarebbero state spazzate via dal mutamento profondo che la maggioranza dei cittadini allora voleva. E invece quell'accumularsi di speranze, dalla contestazione studentesca e dall'autunno caldo fino al 20 giugno 1976, ha finito col provocare delusioni cocenti e irrimediabili. E quelle tossine, alimentate dalla giustizia non fatta e dalla mancata risposta politica alle attese appassionate di tanti, hanno finito col seminare violenza e morte e col distruggere una generazione.

Ambrosoli passa il Capodanno a Bormio. Il suo diario-agenda del 1977 è piú fitto che nell'anno precedente, con qualche disincanto in piú. Lavora sempre moltissimo, la sua vita privata è ridotta a schegge, la prima comunione di Filippo, l'operazione di appendicite di Betò, Annalori che si rompe una gamba allo Stelvio, una visita alla Fiera Campionaria con i bambini, qualche cena con i Balzaretti, i Rosica, lo zio Mario.

La liquidazione della banca va avanti tra insidie e difficoltà.

1° marzo 1977: «11-12,15 dal governatore. Baffi mi ringrazia per l'opera prestata e parliamo poi a lungo di tutti i problemi. Dice che voci politiche gli ripetono che in fondo non si doveva mettere in liquidazione una banca che paga il 65 per cento, ma rileva lui stesso l'enormità dello sbilancio. Parlerà dello sbilancio nella relazione annuale. Si parla di concordato, ma la posizione B.I. è di estrema chiusura per piú motivi.

1) Se lo presenta M.S. no perché con fondi B.P.I.
2) Se lo presenta un terzo, sospetto o no, ancora risposta negativa perché B.I. non dà premi di sportelli e il "regalo" è per causa illecita.
3) In ogni caso le Bin dovrebbero rimborsare anticipazioni.

Dalle 12,15 alle 12,45 Sarcinelli».

Ambrosoli continua a incontrare a Lugano il genero di Sindona, Pier Sandro Magnoni. Pensa che sia utile tenere un pur esile ponte aperto con il fronte avversario, lo sente come un segno di buona volontà. Ma gli incontri sono poco fruttuosi, poco rassicuranti, rischiosi.

2 maggio 1977: «Lugano la sera con Carlo De Mojana c'è Pier Sandro Magnoni – nulla di nuovo: o vogliono guadagnare tempo o non hanno voglia o possibilità di far molto. (...) Si ritenterà con Guzzi in settimana».

5 maggio 1977: «A Lugano la sera con Carlo De Moja-

na. C'è P.S.M. e Guzzi. Nulla di nuovo ancora e anzi maggior loro prudenza. Mi rendo conto che non portano a nulla questi incontri perché sono troppo generici nel negare». (...)

25 luglio 1977: «Cena Lugano – P.S.M. – Carlo De Mojana – Guzzi – Atteggiamento impossibile. Assurde speranze di ripianamento e ripresa della banca (io presidente!!!) Per Amincor insistono di non saper nulla ma tre giorni fa Scalfi [avvocato, professore di diritto civile] ha offerto le azioni a Broggini a condizione che: 1) sistemazione Interbanca – 2) Consegna Generalfin. Tutto da ridere o piangere. Certo P.S.M. non vuol saperne né di galera né di rientrare in Italia».

Il pasticcio politico è sempre più complicato. Anche i rapporti tra Sindona e quanti sono stati al suo fianco per anni, come Carlo Bordoni, non sono facili da capire.

10 marzo 1977: «Esce "Il Mondo" con intervista a Bordoni di Panerai [direttore del settimanale]: molte cose sono vere, molte sospette o false. Ci si chiede perché ora C.B. ha la smania di parlare, di attaccare M.S. sui giornali. Probabilmente tende a far rinviare tutto alla commissione inquirente».

C'è chi pensa a un ben calcolato gioco delle parti. Il plateale attaccarsi in pubblico tra Sindona e Bordoni insospettisce, dopo tanti affari segreti fatti insieme. Ma esce un'altra intervista di Bordoni, sempre sul «Mondo», e Ambrosoli, il 21 marzo commenta: «La seconda puntata è più seria della prima e – forse – il dissenso con Sindona è vero».

L'avvocato Guzzi nota anche lui sulla sua agenda quel che fa ogni giorno e quel che fanno gli amici, avvocati e consulenti di Michele Sindona.

È un intreccio di riunioni, colloqui, telefonate, approcci, appuntamenti, contatti, tentativi, memorandum, esposti, appunti, progetti: un documento per la scienza della politica sotterranea. Sembra di continuo l'approntamento di una battaglia campale, con gli stati maggiori che studiano le mosse del nemico e sistemano le truppe alleate nelle posizioni previste da un piano strategico, né affascinante né fantasioso. I personaggi non sono né Kutúsov né Napoleone e la Guardia dell'imperatore è formata da nebbiosi e spesso equivoci personaggi.

Licio Gelli assume un rilievo sempre maggiore, si infittiscono gli incontri tra Guzzi, Gelli, Memmo, Federici, Andreotti, Corbi, Calvi che viene convinto a interessarsi dei progetti di sistemazione della banca. Si organizzano campagne di stampa sul «Borghese». Gelli assicura che interverrà presso il ministro Stammati: sono i reperti della politica obliqua, suadente, soffice, vischiosa e dei suoi inesausti protagonisti. Comincia allora a affiorare anche il nome di Enrico Cuccia come di un interlocutore possibile.

«Riunione con Memmo e Federici: esame nuove strategie»; «Fare rispondere da G.A. [Giulio Andreotti] a interpellanza orale Galasso»; «Opportunità di un incontro con G.A.»; «Federici e G.A. si muovono»; «Riunione con Federici: incontro G.A. deludente»; «Memmo ha incontrato Gelli e F.F. ha incontrato G.A.»; «P.S.M. riferisce sul colloquio con Ambrosoli»; «Riunione a Lugano con P.S.M. e Ambrosoli»; «Colloquio telefonico con Federici: incontro R.C. [Roberto Calvi] con G.A. deludente»; «Memmo ha incontrato Gelli e F.F. ha incontrato G.A.»; «P.S.M. riferisce sul colloquio con Ambrosoli»; «Riunione a Lugano con P.S.M. e Ambrosoli»; «Colloqui telefonici con Federici: G.A. si interessa e ha avuto notizie dell'interessamento del Dipartimento di stato americano»; «Riunione con Gelli: attende memo per

CAPITOLO DECIMO

Min. Tesoro; panoramica Calvi/Memmo/Corbi/F.F.»; «Lettera per governatore su Ambrosoli»; «Riunione con Tedeschi [Direttore del "Borghese"] per strategia di una campagna giornalistica»; «Riunione a Milano con Gilardelli (M.S. rivede la posizione nei suoi confronti)»; «Esame servizi giornalistici su M.S.»; «Colloquio telefonico con Gelli»; «Riunione con Gelli (esposizione di Gelli su estradizione-posizione R. Calvi ripresa dei contatti)»; «Al telefono con Gelli (concordata linea contattare R. Calvi tra il 20 e il 21 rientrerà a Roma verso il 25 ci vedremo)»; «Riunione con Gelli (esame posizione Calvi)»; «Telefonata con Gelli (Calvi aspetta una telefonata il 5 alle 10)»; «Riunione con Bucciante: il cliente è esasperato o si fa qualcosa o vuota il sacco-promessa di intervento»; «Riunione con Gambino: considerazioni sulla linea Cuccia»; «Settimana 19-25 dicembre 1977 a scrivere pezzo per "Il Borghese"»[1].

Il calcolo dei dadi, per il clan Sindona, torna con rigore matematico; gli incontri non sono certo sporadici, accidentali. I protagonisti del caso si vedono, si rivedono e poi tornano a vedersi, a sentirsi, a parlarsi.

Che destino, per Giorgio Ambrosoli, avere le stesse iniziali di Giulio Andreotti!

Ambrosoli è meno asettico di Guzzi. Le sue truppe sono povere, senza blindati e senza missili, la coscienza, si sa, è fragile e nuda.

«Avv. Bucciante e ing. Federici a nome Michele e Guzzi-politica! Vogliono dati per chiudere tutto!»; «Poco rilievo sui giornali a notizie su M.S. dietro Condotte»; «Vedo prima Vigilanza poi Sarcinelli e quindi Baffi. Sar-

---

[1] In Commissione parlamentare d'inchiesta sulla Loggia massonica P2. Allegati alla relazione cit., pp. 933-48.

cinelli parla di millantato credito di M.S. Baffi non capisce come possano fare perché Condotte e SGI pesanti e prestito Imi che sarà dato in tranche non risolverà molto. Comunque B.I. si opporrà nei modi che potrà. Io dovrò battermi con i miei mezzi. Indubbie posizioni politiche Dc a favore M.S.»; «Ancora nulla di deciso per Condotte. La "Voce repubblicana" esce con il nome di M.S.»; «De Carolis viene per Zingone ma parla di M.S.: dice che G. Andreotti è "scatenato" per salvare S. È millantato credito o no? Usa espressioni strane, quasi mie: Andreotti è il piú intelligente dei Dc ma il piú pericoloso!»; «Torna Novembre che è stato a Roma con Carluccio. Ha interrogato diversi per il tabulato Fina che però non esce. Notizie comunque nere nel senso che ha conferma che Andreotti vuol chiudere la questione Sindona a ogni costo»; «Andreotti blocca di nuovo la vendita Condotte»; «Rubbi – Conferma che dietro Condotte c'era M. e dietro a lui M.S. L'ipotesi Condotte gli era già stata prospettata due anni fa da Carli e Federici – Andreotti ora l'ha fermata perché troppo sporca. Secondo Rubbi [capo dell'ufficio legale del Banco di Roma] avrei detto di essere favorevole al concordato con Guzzi, Magnoni, Federici! Cuccia (sic) sarebbe favorevole anche lui. Io no se fatto dal Banco Roma. Allora Rubbi dice che possono farlo le Bin. Insisto sul *no* per le gravi ripercussioni politiche di copertura di M.S. (Comunque che schifo!)».

Nella prima settimana di luglio, gli avvocati italiani e americani di Sindona si riuniscono a New York per preparare i piani d'attacco. Con Guzzi e con gli altri legali ci sono Sindona, Pier Sandro Magnoni, l'ingegner Federici. Il gruppo prepara un memorandum che viene consegnato ad Andreotti: «Considerato che sul piano tecnico-giuridico non si è in grado di ottenere giustizia, la difesa di Sindona deve impegnarsi con il cliente in una strategia che non deve essere esclusivamente tecnica. È necessario condurre un attacco nei confronti dei magistrati, modificare l'opinione pubblica attraverso stampa e televisione, impegnare, certo piú concretamente di quanto fatto sino a oggi, i politici disponibili... In Italia si devono impegnare i politici a intervenire sul potere esecutivo e giudiziario allo scopo di non svolgere pressioni per una sollecita definizione, facendo chiaramente intendere che non sussistono piú ragioni di particolare urgenza. In America, si deve ulteriormente sviluppare il profilo della presenza politica e giudiziaria con la produzione di altre memorie illustrative e di documenti e si deve far intendere da parte di politici italiani e gruppi politici americani che Michele Sindona è ancora stimato e protetto da loro»[2].

L'offensiva contro Ambrosoli nel 1977 cresce d'intensità. Il 17 marzo e il 18 luglio, Sindona presenta al governatore della Banca d'Italia due esposti contro il commissario liquidatore: lo accusa di incompetenza, scorrettezza, malafede, faziosità, partigianeria, disonestà, chiede la sua rimozione dall'incarico. Ambrosoli – scrive Sindona – è al servizio di centri di potere a lui ostili. Stia attento il governatore: un giorno potrà essere accusato di complicità in quelle «malefatte». Il governatore non si spaventa, e conferma la fiducia della Banca d'Italia a Giorgio Ambrosoli.

Il 21 aprile, il commissario liquidatore replica a Sindona in un'intervista alla «Lettera Riservata» del mensile «Successo»: «Sono uno specialista di crack bancari. Nel '64 mi sono dovuto occupare del dissesto della Sfi; dieci anni dopo ho cominciato a mettere il naso nell'impero Sindona. Sarà un caso, ma ho sempre visto spuntar fuori nomi democristiani».

[2] Commissione Sindona. Relazione conclusiva cit., p. 145.

La Corte d'Appello di Milano conferma intanto la dichiarazione dello stato di insolvenza della Banca Privata Italiana – 258 miliardi – e la Corte di Cassazione respinge il ricorso di Sindona contro un'ordinanza del giudice istruttore che rigetta un'istanza di sospensione del processo penale.

Per Sindona sono due colpi duri. Il finanziere è impaziente, teme la giustizia americana, aveva sperato in una rapida soluzione della questione italiana anche per essere preservato dalle conseguenze penali del fallimento della Franklin National Bank e ora invece si sente impantanato, sprona i suoi amici a usare con maggiore forza della loro influenza, minaccia di fare rivelazioni, manda all'attacco la comunità italo-americana, patriottica definizione della mafia, collega la mafia, la P2 e i massimi esponenti governativi della Dc, allarga infine la tastiera della sua pressione, nata dalla paura e dallo spirito di rivalsa, e mette in moto anche i sistemi della violenza criminale.

Il 9 novembre 1977, Ambrosoli scrive sulla sua agenda: «Manifesti Cavallo contro Calvi con numeri suoi conti in Svizzera. Arresto M. Barone per reticenza e falsa testimonianza».

I manifesti sono stati appicciati ai muri del centro, soprattutto in via Verdi, in piazza della Scala, in via Filodrammatici fin dentro la sede del Banco Ambrosiano e poi in piazza degli Affari e tutt'intorno alla Borsa. Hanno un titolo vistoso: «Roberto Calvi in galera!» Nel testo spiegano che il presidente del Banco Ambrosiano è colpevole di truffa, falso in bilancio, appropriazione indebita, esportazione di valuta e frode fiscale: «In relazione alla vendita da società del gruppo Sindona al Banco Ambrosiano dei pacchetti azionari Bastogi, Centrale, Credito Varesino, Finabank, Zitropo (Pacchetti), ecc., Roberto

Calvi si è fatto versare decine di milioni di dollari sui seguenti conti numerati svizzeri di sua personale proprietà e con firma di sua moglie».

Sindona, questa volta, ha vuotato davvero il sacco. Su quei manifesti compaiono gli estremi di quattro conti bancari svizzeri tra i quali il conto «Ehrenkreuz Anstalt» presso il Credito Svizzero di Zurigo. I manifesti non sono davvero reticenti: «L'11 dicembre 1972 Roberto Calvi ha incassato, sul conto personale Ehrenkreuz, 3 278 689,02 dollari come sovrapprezzo su acquisto azioni Zitropo (cioè Pacchetti)».

Fatti e numeri sono minuziosamente veri. Scrive il giudice istruttore Giuliano Turone nella sua sentenza-ordinanza: «L'esito di una rogatoria indirizzata il 15 luglio 1982 alle autorità giudiziarie di Ginevra e Zurigo ha dimostrato l'assoluta esattezza di tale notizia: si è infatti provato documentalmente che il conto Ehrenkreuz del Credito Svizzero di Zurigo era nella disponibilità di Roberto Calvi, che su tale conto è stata accreditata con valuta 11 dicembre 1972 la somma di 3 278 689,02 dollari, che tale trasferimento di denaro era stato disposto quattro giorni prima con un bonifico (...) acceso sulla Finabank di Ginevra»[3].

Sarà Gelli, il grande mediatore, a comporre il conflitto-ricatto tra Sindona e Calvi. Il maestro venerabile della Loggia P2 è il costante arbitro tra i due «fratelli» in lite tra loro. Commenta il giudice Turone nella sua ordinanza: «È senz'altro in relazione con il peculiare ruolo di Gelli nella controversia Calvi-Sindona il fatto che Gelli fosse in possesso (nel suo archivio uruguaiano) di copia delle due lettere estorsive di Cavallo a Calvi»[4].

È riesploso anche lo scandalo del tabulato dei 500. Vengono interrogati di nuovo tutti i protagonisti del feuil-

---

[3] Turone, Sentenza-ordinanza cit., p. 231.
[4] *Ibid.*, p. 248.

leton che quella mattina del 28 agosto 1974 aveva creato un gran subbuglio alla Banca d'Italia.

Ambrosoli documenta ogni sera sulla sua agenda gli sviluppi del caso.

10 novembre 1977: «Urbisci interroga Ventriglia che conferma aver saputo dell'esistenza del tabulato. Barone esce dal carcere – pare abbia ammesso dell'esistenza del tabulato e che si sia impegnato a consegnarlo al giudice entro sabato. Girano nomi diversi e pare che esista una lista di 70 nomi in mano ai giornali. Se è trovato il tabulato con i nomi e Barone, per non esibirlo, si è fatto arrestare, vedremo cose turche».

11 novembre 1977: «Urbisci e Novembre a Roma. I giornali dicono che ha l'elenco».

12 novembre 1977: «Barone aveva corretto la prima deposizione asserendo che il tabulato c'era ma non l'ha lui: avrebbe fatto il possibile per farlo avere. Banco Roma convinto che Urbisci abbia una copia e forse è bene seguire questa pista».

14 novembre 1977: «Arrivo a Roma ore 16. 130 blu e autista con fregi B.R.! Rubbi – senza dirlo – fa capire che io ho il tabulato e che devo aiutare Banco Roma».

15 novembre 1977: «(...) Scade ultimatum di Urbisci che non esibisce tabulato. Giornali impazziti per i 500».

16 novembre 1977: (...) «Giornalisti sempre all'erta per i 500».

17 novembre 1977: «I giornali fanno il nome di Leone. (...) Il Quirinale smentisce».

18 novembre 1977: «Continua blocco giornalisti – Novembre a Roma – ritira passaporto a Barone e Guidi».

Saltano fuori un po' di nomi, i giornalisti li mescolano ad altri che non c'entrano nulla, la confusione è generale. I dirigenti del Banco di Roma vengono interrogati dal giudice Urbisci. C'è tra loro anche Puddu, l'uomo della busta gialla.

CAPITOLO DECIMO

Poi di colpo, come nel terzo atto del *Ballo in maschera* verdiano, quando, nella scena dell'urna, i congiurati estraggono il nome di chi tra loro deve uccidere Riccardo, conte di Warwich, governatore di Boston, e alla sonorità acutissima delle trombe subentra un grande pianissimo orchestrale, la concitazione si smorza, il frastuono tace.

> Sconterà dell'America il pianto
> Lo sleal che ne fece suo vanto.
> Se trafisse, soccomba trafitto,
> Tal mercede pagata gli va!

Giorgio e Annalori Ambrosoli passano la vigilia di Natale dai Rosica, il Natale in casa.

«Natale felice», scrive sull'agenda l'avvocato Giorgio Ambrosoli.

Capitolo undicesimo

Milano è irriconoscibile, nelle fabbriche della Bicocca e di Sesto San Giovanni il clima è nervoso. Gli operai della Breda che costruirono il *Settebello*, orgoglio dell'Italia del boom, tirano avanti a furia di anticipi sulla busta paga. Alla Falk gli operai sono calati in pochissimi anni da 17 000 a 12 000, alla Ercole Marelli da 8000 a 5000, alla Pozzi Ginori si parla di licenziamenti per 3000 persone, all'Innocenti sono quasi 2000 gli operai in cassa integrazione. Le parole ristrutturazione, scorporo, divisione hanno un suono sempre piú angoscioso, la cassa integrazione, adoperata soltanto nella grande industria, è entrata nel costume delle piccole e medie aziende che fino a pochi anni prima la consideravano un gradino appena sotto il fallimento e la perdita del buon nome. Nel 1977 i posti di lavoro sono diminuiti di 6500 unità rispetto al 1970, l'impoverimento è visibile, l'esodo di tecnici, professionisti, intellettuali è costante, la qualità dei prodotti è peggiorata, gli uffici di corrispondenza delle multinazionali rimasti in città sono privi di ogni potere di decisione. Solo il terziario è in espansione.

Le banche sono le vere padrone. Via Manzoni è diventata una strada di uffici, con gli istituti di credito che occupano interi isolati. Ogni giorno piovono sfratti e disdette per impiantare altre banche. Al posto del Motta-Scala, il caffè pasticceria all'angolo tra via Verdi e via Manzoni, ha

CAPITOLO UNDICESIMO

aperto gli sportelli l'Istituto bancario italiano con una ventina di vetrine lustre.

Il biglietto del tram è raddoppiato, costa duecento lire; il biglietto della metropolitana è aumentato da 150 a 200 lire; i muri sono pieni di scritte che esortano all'autoriduzione e al boicottaggio. La giunta di sinistra è sotto accusa per le misure antipopolari.

Molti cominciano a chiudersi in se stessi e nei propri problemi personali. I comunisti sono in difficoltà. Enrico Berlinguer, al Convegno degli intellettuali tenuto in gennaio a Roma, ha lanciato la linea dell'austerità in funzione di un progetto di rinnovamento «che stia sotto la pelle della storia, che sia maturo, necessario e quindi possibile». La gente ascolta, sente dire che bisogna lottare contro lo spreco, lo sperpero, i particolarismi, gli individualismi, il consumismo piú dissennato, ma poi si domanda: i sacrifici, ma per quali fini? L'austerità, ma solo per pagare gli errori, le menzogne, le complicità di quegli uomini che dal 1969 in avanti arrivarono troppo spesso a baciare i morti ammazzati delle stragi e dei delitti e a promettere luce, loro portatori del buio?

Tira aria di nuova centralità. L'interesse dei partiti prevale sugli interessi collettivi. Il fervore regionalista è stato schiacciato dalla burocrazia e dalla piccola qualità dei dirigenti politici. Gli uomini della sinistra assaporano l'euforia del potere.

Il terrorismo continua a insanguinare la città e l'intero paese. La fotografia dei giovani di «Autonomia operaia» che sull'angolo di via De Amicis, tra il collegio delle Orsoline e il negozio che vende articoli per l'ufficio, mascherati, le gambe ben piantate per terra, stringono con le due mani la P38 e il 14 maggio 1977 sparano contro la polizia, fa il giro del mondo. Quel giorno viene ucciso il brigadiere Antonio Custrà.

È una stagione fosca. Il «governo della non sfiducia» è un dono insperato per la classe dirigente democristiana. Nella logica del trasformismo, il Partito comunista sta costruendo la sua trappola e sta seppellendo quel progetto di trasformazione della società nel quale credono milioni di persone.

«La strategia democristiana di questi anni sembra abbastanza limpida. Andreotti non era certo quel volto nuovo della Dc auspicato da Berlinguer. Cattolico conservatore e allievo di De Gasperi, Andreotti nella sua carriera politica aveva ricoperto a turno praticamente tutte le poltrone ministeriali; in particolare era stato ministro della Difesa per parecchi anni, nell'epoca in cui i servizi segreti erano pieni di infiltrati dell'estrema destra. Il suo feudo elettorale era il Lazio, dove aveva costruito una formidabile rete clientelare. Ben accetto in Vaticano, Andreotti era scaltro e cinico; nella Dc era l'uomo ideale per un lento "logoramento" dei comunisti»[1].

È anche una stagione di contraddizioni profonde. Il Parlamento in seduta comune discute, dal 3 all'11 marzo 1977, sul rinvio a giudizio di Luigi Gui e di Mario Tanassi «relativamente all'acquisto di 14 aerei C-130 Hercules dalla società Lockheed». Aldo Moro, presidente della Dc, anima di quella solidarietà nazionale che dovrebbe implicare il dovere di reagire agli scandali, di scoprire la verità e di punire i colpevoli, fa a Montecitorio uno dei suoi discorsi piú oltranzisti:

Quello che non accettiamo è che la nostra esperienza complessiva sia bollata con un marchio di infamia in questa sorta di cattivo seguito di una campagna elettorale esasperata. Intorno al rifiuto dell'accusa che, in tutti noi, tutti e tutto sia da condannare, noi facciamo quadrato davvero. Non so quanti siano a perseguire un tale dise-

[1] Ginsborg, *Storia d'Italia dal dopoguerra a oggi* cit.

gno politico, ma è questa, bisogna dirlo francamente, una prospettiva contraddittoria con una linea di collaborazione democratica. A chiunque voglia travolgere globalmente la nostra esperienza; a chiunque... (*Una voce dall'estrema sinistra: «Non è il prezzo che ci potete chiedere!»*)... voglia fare un processo, morale e politico, da celebrare, come si è detto cinicamente, nelle piazze, noi rispondiamo con la piú ferma reazione e con l'appello all'opinione pubblica che non ha riconosciuto in noi una colpa storica e non ha voluto che la nostra forza fosse diminuita. Non accettiamo di essere considerati dei corrotti, perché non è vero. (...) Per tutte queste ragioni, onorevoli colleghi che ci avete preannunciato il processo sulle piazze, vi diciamo che noi non ci faremo processare. Se avete un minimo di saggezza, della quale, talvolta, si sarebbe indotti a dubitare, vi diciamo fermamente di non sottovalutare la grande forza dell'opinione pubblica che, da piú di tre decenni, trova nella Democrazia cristiana la sua espressione e la sua difesa [2].

Rumor, Tanassi e Andreotti rendono invece testimonianza davanti alla Corte d'Assise di Catanzaro dove per l'ennesima volta si giudica della strage di piazza Fontana. Dai brandelli delle deposizioni visti alla Tv o letti sui giornali, anche gli italiani senza sospetti cominciano per lo meno a sorridere davanti a quei ministri spudoratamente mentitori o smemorati, imperlati di sudori freddi, balbettanti: «Non ricordo»; «non serbo alcun ricordo»; «la mia assenza di memoria permane» – cosí poco rispettosi delle esigenze di giustizia, cosí poco all'altezza delle loro responsabilità. Diffondono impunemente la sensazione di coprire orribili segreti. Non è stata sufficiente la furbizia tattica di andare a sedere su quella sedia in un momento in cui il governo nazionale è sostenuto dalla sinistra che forse su un problema cosí grave per la credibilità delle istituzioni aveva ricevuto promesse e garanzie di comportamenti limpidi.

[2] Atti parlamentari, Camera dei deputati - Senato della Repubblica, VII legislatura, Seduta comune da giovedí 3 a venerdí 11 marzo 1977.

È in corso un duro scontro politico. Le forze piú conservatrici e reazionarie del paese, certi ambienti politici e economici, i servizi segreti, tronconi di apparati dello Stato si stanno aggregando in modo palese e in modo occulto per impedire ogni ipotesi di cambiamento e per sbarrare l'ingresso del Partito comunista al governo.

La P2, che «ha costituito motivo di pericolo per la compiuta realizzazione del sistema democratico»[3] impone proprio allora la sua influenza, condizionando fondamentali gangli della vita politica e economica: la maggioranza delle persone i cui nomi sono stati trovati nelle liste si è affiliata alla «Loggia massonica Propaganda 2» il primo gennaio 1977.

(«La mattina del 18 marzo 1981, appena i giudici Turone e Colombo aprono i plichi, le buste sigillate, le cartellette sequestrate, si rendono subito conto di quanto quei documenti siano infuocati. Non deve esser facile rimanere professionalmente impassibili alla lettura di carte che svelano l'esistenza di un'associazione segreta in cui sono coinvolti tre ministri della Repubblica, il capo di stato maggiore della Difesa, i capi dei servizi segreti, il segretario generale del Ministero degli Esteri, ventiquattro generali e ammiragli delle tre armi, cinque generali della Guardia di finanza compreso il comandante, un centinaio di ufficiali superiori, due generali della polizia di Stato, cinque prefetti, diplomatici, sessantatre alti funzionari dei Ministeri e poi il segretario nazionale del Psdi, il capogruppo socialista alla Camera dei deputati, parlamentari (esclusi i comunisti, i radicali, il Pdup), segretari particolari di leader governativi, imprenditori, editori, giornalisti, il direttore del "Corriere della sera", il direttore del

---

[3] Relazione della Commissione parlamentare d'inchiesta sulla Loggia massonica P2, IX legislatura, Doc. XXIII, n. 2, 12 luglio 1984, p. 165.

CAPITOLO UNDICESIMO

Tg1, professori universitari, dirigenti di società pubbliche, banchieri, diciotto magistrati»)[4].

Gelli, secondo l'immagine della Relazione Anselmi, è al vertice della piramide della P2: «Quando però si voglia a questa piramide dare un significato è giocoforza ammettere l'esistenza sopra di essa, per restare nella metafora, di un'altra piramide che, rovesciata, vede il suo vertice inferiore appunto nella figura di Licio Gelli. Questi è infatti il punto di collegamento tra le forze e i gruppi che nella piramide superiore identificano le finalità ultime, e quella inferiore, dove esse trovano pratica attuazione. (...)

«In questa dimensione la Loggia P2 consegna alla nostra meditazione una operazione politica ispirata a una concezione pre-ideologica del potere, ambíto nella sua piú diretta e brutale effettività; un cinismo di progetti e di opere che riporta alla mente la massima gattopardesca secondo la quale "bisogna che tutto cambi perché tutto resti com'era"; cosí per Gelli, per gli uomini che lo ispirano da vicino e da lontano, per coloro che si muovono con lui in sintonia di intenti e di azioni»[5]. (...)

Quali sono le finalità ultime, qual è il progetto politico della P2 «metastasi delle istituzioni, negatore di ogni civile progresso»? Lo spiegano tra l'altro due documenti, il Piano di rinascita democratica e il Memorandum sulla situazione politica in Italia che propongono rimedi per tutti i settori della vita politica e civile del paese. Sono stati scritti tra il 1975 e il 1976 nel periodo di maggiore espansione della sinistra e contengono, simili anche nel linguaggio, tutte le tesi della restaurazione moderata degli anni '80: i sindacati devono essere ricondotti alla loro naturale

---
[4] Giovanna Borgese e Corrado Stajano, *Un paese in tribunale*, Mondadori, Milano 1983.
[5] Commissione P2 cit., p. 155.

funzione, anche al prezzo di una scissione, rovesciando «i rapporti di forza all'interno dell'attuale trimurti»; «uomini di buona fede e ben selezionati» devono conquistare, con la disponibilità di 30-40 miliardi «posizioni chiave necessarie al controllo dei partiti politici»; il Consiglio superiore della magistratura deve essere reso responsabile nei confronti del Parlamento; il pubblico ministero deve essere assoggettato al Guardasigilli; deve essere stabilito il principio della responsabilità civile dei giudici; lo Statuto dei lavoratori deve essere abolito; i consigli di fabbrica devono essere eletti con voto segreto; deve essere abolita la nominatività dei titoli azionari; devono essere concessi forti sgravi fiscali ai capitali stranieri per agevolare il ritorno dei capitali dall'estero; la Rai-Tv deve essere dissolta in nome della libertà d'antenna; occorre acquisire «alcuni settimanali di battaglia»; «occorrerà redigere un elenco di 2 o 3 elementi per ciascun quotidiano o periodico in modo tale che nessuno sappia dell'altro. L'azione dovrà essere condotta a macchia d'olio»; la Costituzione deve subire una completa revisione; occorre mettere in cantiere una profonda riforma istituzionale, ripartire le competenze delle due Camere, ridare forza al principio del rapporto «tra maggioranza-governo da un lato, e opposizione dall'altro». In nome di una repubblica presidenziale di tipo gollista[6].

La vicenda Sindona, per la P2, è un affare di famiglia, non solo perché tutti i suoi protagonisti, o quasi, sono uomini della Loggia: Sindona, Calvi, Umberto Ortolani, Gaetano Stammati, Robert Memmo, Loris Corbi, Gio-

---

[6] Commissione P2. Allegati alla relazione, cit., pp. 601-23: il Piano di rinascita democratica e il Memorandum sulla situazione politica in Italia furono sequestrati il 4 luglio 1982 nella valigia della figlia di Licio Gelli all'aeroporto romano di Fiumicino.

CAPITOLO UNDICESIMO 157

vanni Guidi, Carmelo Spagnuolo, Edgardo Sogno, Massimo De Carolis, Mario Tedeschi e altri. La sua competenza è funzionale, naturale. Per la P2 un caso come quello Sindona è l'essenza, la ragione di essere. La P2 è anche lo stato maggiore, la stanza di compensazione, il luogo della mediazione, l'agenzia, il nodo di una ragnatela capillare e diffusa che dispone i suoi uomini nei piú delicati settori della società e delle istituzioni, possiede una banca, controlla il piú importante giornale italiano, è uno Stato nello Stato.

Capitolo dodicesimo

La ricerca di un progetto che ridia a Sindona l'onore perduto, lo salvi dalla prigione, gli restituisca la sua banca, diventa affannosa.

I tentativi di risolvere la liquidazione coatta amministrativa, dal 1975 in avanti sono tre. Nel 1976, il «Progetto operativo per una sistemazione della Società Generale Immobiliare e della Banca Privata Italiana in fasi interdipendenti», in cui sono coinvolti il Banco di Roma, alcuni palazzinari romani in disaccordo con il «gruppo di via Condotti»: Gelli, Ortolani, la P2 e i suoi interessi. Un secondo progetto, della primavera 1977, ricalca il primo. Un terzo progetto, dal titolo «Memorandum sull'attuale urgenza e sulle modalità relative a una soluzione tecnica per la Banca Privata in liquidazione» viene elaborato durante la prima estate dopo una riunione a New York: «Redazione memorandum per G.A.», scrive l'avvocato Guzzi il 4 luglio sulla sua agenda. E il giorno successivo: «A N.Y. redazione memorandum per G.A. Completamento con osservazioni M.S.»

Il memorandum consegnato a Giulio Andreotti il 12 luglio ha un tono drammatico. Scrive la Relazione conclusiva della Commissione parlamentare d'inchiesta: «Si profilava (...) la possibilità che venissero alla luce elementi tali da danneggiare la credibilità delle istituzioni e del sistema bancario; che venisse contestato a Ventriglia, Guidi e Barone il reato di bancarotta fraudolenta (e si aggiungeva inoltre che altri e ben piú gravi reati avrebbero potuto emergere nel corso dell'indagine); che venisse coinvolta la Banca d'Italia; che si tornasse a indagare sul ruolo dell'Iri. Le uniche motivazioni addotte in questo documento erano quindi relative all'opportunità di chiudere la vicenda, di interrompere la prosecuzione delle azioni giudiziarie e di evitare di rendere di pubblico dominio le vicende dell'estate 1974»[1].

Un grido di dolore e di paura, un appello alla responsabilità, un agire da cittadini pensosi del buon governo e del buon nome delle istituzioni. Forse un po' dimentichi, in quel grottesco far carico alla comunità nazionale impersonata da Giulio Andreotti, delle proprie malversazioni, della propria bancarotta, dei propri errori, dei propri artifici e raggiri.

I progetti sono astrusi, di difficile attuazione e cadono nel nulla. Il 10 gennaio 1978, si comincia cosí a studiare un quarto progetto: «Fu messo a punto un nuovo espediente che prevedeva l'inserimento della Capisec (cosiddetto "giroconto Capisec"). Vennero redatti due memorandum, uno consegnato a Delfino [ex deputato dell'estrema destra] e l'altro consegnato a Federici»[2].

Pronto nel maggio 1978, il progetto viene rielaborato in estate e sottoposto a Giorgio Ambrosoli il 10 agosto. Quel giorno l'avvocato incontra Rodolfo Guzzi, poi va in vacanza, prima a Bormio, poi a Monte Marcello. Rientra a Milano ai primi di settembre. Il giorno 8, sulla sua agenda-diario scrive: «Guzzi - torna da N.Y. assai preoccupato. Dice che il suo piano è stato accolto, al 95%».

Torna sull'argomento, beffardo, il 27 settembre: «Guzzi-Definizione imminente per chiusura. Dice che Bin d'accordo e gli manca solo B.I. Aspetti pure».

[1] Commissione Sindona. Relazione conclusiva cit., pp. 98-120.
[2] *Ibid.*

Il progetto è astruso, un «papocchio», un «papocchietto», come dice Enrico Cuccia. La Relazione conclusiva della Commissione parlamentare d'inchiesta è severa: i depositanti sono già stati rimborsati al 100 per cento da un Consorzio delle tre Bin – il Banco di Roma, la Banca Commerciale, il Credito italiano – con denaro messo a disposizione dalla Banca d'Italia; i dipendenti della Banca Privata Italiana sono stati assorbiti dalle tre banche. Quali sono, allora, gli interessi da tutelare? Solo quelli di Sindona: «Il salvataggio avrebbe annullato infatti la dichiarazione di insolvenza e avrebbe fatto cadere il presupposto dell'azione penale».

Il nuovo progetto «si appoggiava essenzialmente sul cosiddetto "giroconto Capisec". Questa società, facente capo alla costellazione delle società di Sindona, doveva essere ceduta per la simbolica somma di una lira da questi al Banco di Roma, il quale, una volta venuto in possesso dell'intero pacchetto azionario, avrebbe proceduto a transigere le cause promosse dalla Capisec contro il Banco di Roma stesso con il versamento di una somma che veniva quantificata in 40 miliardi di lire»[3].

Intorno ai progetti di sistemazione, scrive il giudice Turone, «si svilupperà e si protrarrà fino al 1980 una frenetica attività (sempre profondamente scorretta, spesso decisamente delittuosa) volta a ottenere che tali progetti vadano felicemente in porto. Pressioni, condizionamenti, sottili ricatti, subdole manovre e vere e proprie minacce non si conteranno, allo scopo di ottenere il favorevole interessamento di autorevoli personaggi del mondo politico e finanziario, il fattivo apporto di Enrico Cuccia, la benevola considerazione di Giorgio Ambrosoli e, in ultima analisi,

[3] *Ibid.*

CAPITOLO DODICESIMO

il benestare della Banca d'Italia per il salvataggio di Sindona.

«L'escalation delittuosa culminerà nel luglio 1979 con l'assassinio del commissario liquidatore»[4].

Giorgio Ambrosoli lavora alla sua seconda relazione per il giudice istruttore, un'analisi complessa della Banca Privata Italiana e delle ragioni del fallimento. L'avvocato Rodolfo Guzzi scrive allora su una delle sue carte un appunto sinistro: «Sbarrare la strada ad Ambrosoli»[5].

La frase è annotata durante il soggiorno che Guzzi fa a New York dal 2 al 5 gennaio 1978. Sindona ha capito che Ambrosoli è un osso duro, un uomo profondamente onesto, difficile da piegare e da convincere a far qualcosa che non ritenga giusto, un fastidioso moralista incorruttibile e incorrotto. Una bizzarria, per uno come Sindona.

A prezzo della vita, poi. E cosí si moltiplicano gli attacchi, le insinuazioni, le provocazioni, le manovre, le aggressioni, le intimidazioni e il tasso di violenza si fa di mese in mese piú alto.

L'11 maggio, Ambrosoli riceve un minaccioso avvertimento. Nel suo studio in banca compare Walter Navarra, amico e collaboratore di Luigi Cavallo: ha messo in piedi un ambiguo movimento, «l'Unione nazionale di Resistenza socialista» e usa per i suoi traffici anche un giornale, «Il Partigiano socialista»[6].

Navarra porta un messaggio di Sindona che invita il commissario liquidatore a tenere un atteggiamento piú flessibile e condiscendente verso i progetti di sistemazione e le soluzioni da lui suggerite.

---

[4] Turone, Sentenza-ordinanza cit., p.28.
[5] Sentenza della prima Corte d'Assise di Milano cit.
[6] Raffaele Guariniello, Sentenza nella causa penale contro Luigi Cavallo, 26 luglio 1975; Cassazione Sezione Prima penale, Guzzi Rodolfo e altri, 25 febbraio 1988.

Ambrosoli non sembra dare importanza all'intimidazione. Sul suo diario scrive semplicemente: «Viene Walter Navarra, ex partigiano espulso dal Psi con... memoria chiaramente Michele Sindona. Follie!»

La pressione su Ambrosoli non si smorza.

26 aprile 1978: «Avv. Guzzi. Riparla di concordato da fare eliminando pretese per Consorzio e credito Min. Tes. – Ma che coraggio!»

17 maggio 1978: «Guzzi insiste nel suo piano di chiusura con pagamento al 100%: non vedo come».

9 giugno 1978: «Guzzi insiste su concordato, proposito folle perché Banca d'Italia dovrebbe rinunziare a chiedere rimborso Bin e Min. Tes. dovrebbe rinunziare a multa».

14 luglio 1978: «Guzzi studia soluzione globale ma pazzesca per la quale Bca Italia paga tutto».

Ambrosoli è amareggiato, qualche volta allibito. Lo confida a Novembre che è diventato suo amico, nel profondo. Ma non demorde. Il verminaio che scopre ogni giorno lo eccita anzi a continuare nella sua azione di giustizia. Il turbamento che prova, anziché frenarlo, lo sprona, in quell'ultima stagione della vita, a usare tutto il suo naturale coraggio. Non rinuncia ai suoi ideali, conserva l'illusione che quel che sta facendo possa servire a mutare i comportamenti di una classe dirigente corrotta. Proprio perché ha conosciuto il mondo di Sindona, la Fasco, le rutilanti invenzioni del banchiere della Democrazia cristiana, sente di operare in nome di un'altra Italia, morale, civile, rispettosa delle regole.

È un continuo choc, per Ambrosoli, uomo pulito e tranquillo, di pacati convincimenti legalistici, scoprire la vera natura di molti che hanno le sue stesse idee. Attratto dai principî di autorità, ha la rivelazione delle illegalità, delle trame, delle connivenze, dei tradimenti che hanno per protagonisti uomini di alto rango dello Stato, ministri, generali, magistrati, banchieri. Ma le sue convinzioni personali sono radicate, la sua onestà lo sorregge e quanto piú investiti di potere e di prestigio sono i personaggi coinvolti, tanto piú forte è la sua volontà di opporsi a quel mondo inconciliabile.

Lo Stato, per lui, seguita a essere lo Stato ideale in cui ha sempre creduto, lo strumento dei poteri della collettività, l'architrave dell'ordine sociale. Considera quegli uomini che operano in suo nome degli usurpatori: lo Stato si salverà dalla devastazione se chi ha il senso della responsabilità seguiterà, malgrado tutto, a coltivare il suo piccolo o grande orto.

Ambrosoli è un uomo della coscienza civile, anticipa nella pratica i movimenti che nasceranno dopo la metà degli anni '80. Non contano per lui i convincimenti politici, le idee ancorate ai partiti, soprattutto. Contano le ragioni morali, la limpida dimensione dell'esistenza, la fedeltà ai principi di onestà. Si sente prestato alla politica, a quella politica, solo per il dovere dei tempi grami.

Sono soli, Ambrosoli, Novembre, Gusmaroli, il giudice Viola, il giudice Urbisci, l'avvocato Tino, qualcun altro. Assediati, osteggiati, isolati. La solidarietà nazionale è una politica nemica. Il Pci, arrivato alle soglie del governo, smorza ogni critica, smussa ogni contrasto e in nome del realismo cede sui fondamentali principî. Pagherà crudamente le sue condiscendenze. Fino al 1979, il Parlamento è assente dal caso Sindona. Le interrogazioni, le interpellanze e anche gli articoli sulla stampa comunista sono rari. Il problema della Banca Privata Italiana e del suo melmoso groviglio non viene mai autorevolmente posto:

Andreotti, il mallevadore delle grandi intese, del compromesso storico, è intoccabile.

Il maresciallo Silvio Novembre lo è assai di meno. Agli inizi del suo lavoro pare che al Comando della Guardia di finanza di Milano tutto proceda regolarmente. Fa i suoi rapporti, viene persino incoraggiato. Poi Novembre comincia a sentire strani messaggi. Il tenente colonnello, suo superiore gerarchico, prende l'abitudine di fargli delle domande condite di pensieri-guida: «Novembre, lei è un pessimista, portato a vedere il male anche quando e dove non c'è. Che cos'è successo mai? Se si dovesse fare un'ispezione in tutte le altre banche, chi si salverebbe?»

Silvio Novembre diventa cauto. L'ufficiale è sempre piú curioso, gli chiede di fare e soprattutto di non fare. Il maresciallo mostra ogni volta al tenente colonnello le minute delle relazioni destinate al giudice istruttore e l'ufficiale tenta di entrare nel merito delle questioni. Novembre tiene duro, è un ufficiale di polizia giudiziaria come il tenente colonnello e rifiuta i suoi interventi sostanziali. Quando riesplode il problema del tabulato dei 500 e l'inquietudine serpeggia negli alti comandi, si arriva rapidamente allo scontro.

Dalla sera alla mattina, Novembre potrebbe essere estromesso dall'indagine sulla banca e trovarsi a lavorare nell'archivio della caserma. Lo protegge solo il timore di uno scandalo. Il Comando deve infatti render conto ai magistrati coi quali lavora la squadretta di polizia giudiziaria della Guardia di finanza e la notizia potrebbe arrivare ai giornali.

Il 4 novembre 1977, sull'agenda dell'avvocato Guzzi c'è una piccola annotazione: «Riunione con Gelli. Sostituzione di Novembre».

Il maresciallo dà fastidio, è diventato un collaboratore prezioso dell'avvocato Ambrosoli, un abile cercatore di prove. Gelli dice a Sindona che conosce chi conta, è amico di alcuni generali della Guardia di finanza. Che sono poi gli uomini della P2[7].

Tutto diventa impalpabile. Novembre viene a sapere che è stata avviata una pratica per il suo trasferimento. Un sottufficiale della Guardia di finanza ha visto al Comando generale un promemoria del capo del servizio operativo per il comandante in seconda. Novembre avverte Viola e Urbisci. I magistrati gli chiedono se riesce a cavarsela da solo oppure no. Il maresciallo ha un segreto pudore: amarezza e orgoglio. Umiliato per le malefatte altrui, è addolorato che i magistrati debbano scoprire i bubboni della Guardia alla quale appartiene da piú di vent'anni, alla quale è fedele e alla quale deve tanto della sua vita. Tenterà, dice. Parla con un colonnello che lo stima, lo stesso che l'ha voluto con sé a Milano. Il colonnello interviene, tutto tace.

C'è una seconda volta. È quel colonnello a avvertire Novembre. L'ordine di trasferimento è alla firma, lui non può nulla. È già stata scelta anche la destinazione, il distaccamento sul Monte Bianco.

Pare di vederli i personaggi, non ironici, vendicativi e beffardi piuttosto: Sindona in uno dei suoi moti d'ira stizzosa, Gelli con il suo ghigno di materassaio onnipotente, i generali della Repubblica felici di poter servire.

Silvio Novembre fa tacere il doloroso orgoglio, avvisa i giudici. Interviene Guido Viola, va al Comando generale, il maresciallo è essenziale per la conduzione dell'indagine. Il tentativo abortisce, Novembre resta a far da spalla fedele all'avvocato Ambrosoli.

Non sono finiti per lui i tremori, le angosce, l'umiliazione di rendersi conto di quanto sia difficile in quest'Italia

[7] Commissione P2. Allegati alla relazione cit., p. 774.

fare ciò che si deve. Cominciano gli adescamenti: prima la lusinga, poi la corruzione, poi la minaccia. A Silvio Novembre vengono offerti soldi, posti di prestigio. C'è anche chi viola il campo degli affetti, approfittando, nel tentativo di corrompere, del dolore e della debolezza dell'altro. La moglie di Silvio Novembre è malata di un male incurabile e persone dell'entourage di Sindona gli fanno trasparire speranze di salvezza. Curarla a Huston, loro sanno come, loro possono. È piú facile, si sa, dire no al corruttore che offre denaro, che dire no a chi coinvolge anche la vita di una persona amata.

E poi le minacce diurne, notturne – cinque, sei telefonate ogni notte – per non far dormire, per spaventare; e poi i pedinamenti e poi quelle macchine che aspettano sotto casa e il maresciallo deve camminare come in un film di Scorsese, la mano alla pistola sotto la giacca nella civilissima Milano.

E poi, insistenti, logoranti, defatiganti i consigli degli amici e dei falsi amici: «Hai una bambina di 10 anni e una di 15, hai la moglie gravemente ammalata. Basta una tua parola e la Guardia di finanza ti trasferisce nel migliore dei suoi reparti».

E poi, sibilanti, offensivi, i consigli dei benpensanti: «Perché fai piú di quanto dovresti? Perché non pensi a te stesso, a tua moglie, alle tue figlie che hanno bisogno di te?»

Ci sono gli uomini che si abbattono alla prima difficoltà della vita e non rialzano piú la testa, piegati, sconfitti per sempre e ci sono gli uomini che nel conflitto traggono invece sorprendenti energie.

«Viene rapito dalle Br Aldo Moro», scrive Ambrosoli sulla sua agenda il 16 marzo 1978.

Quel giorno approda in Parlamento il nuovo governo,

CAPITOLO DODICESIMO

un monocolore democristiano che ha l'appoggio del Pci. Il rapimento di Moro e la strage della sua scorta avvengono alle 9 della mattina in via Fani a Roma; alle 12,40, Giulio Andreotti presenta il suo ministero e entro sera ottiene la fiducia sia della Camera sia del Senato. Votano a favore democristiani, comunisti, socialisti, repubblicani, socialdemocratici, indipendenti di sinistra, demonazionali. Contro, demoproletari, missini, liberali e radicali. È questo il sospirato ingresso del Partito comunista e delle masse popolari nel governo dello Stato?

Quattro processi d'Assise e il lavoro della Commissione parlamentare d'inchiesta sulla strage di via Fani, sul sequestro e l'assassinio di Aldo Moro e sul terrorismo in Italia, istituita il 23 novembre 1979, non hanno chiarito gli infiniti punti oscuri della vicenda, non hanno dato risposte ufficiali per capire le cause dell'inefficienza degli apparati dello Stato e dei servizi segreti diretti in massima parte – lo si saprà tre anni dopo – da uomini della P2.

È uno dei periodi piú torbidi della vita nazionale. Il dramma, e poi il conflitto tra fronte della trattativa con le Br e fronte della fermezza, è usato per fini politici, per fini di corrente di partito, di clan o addirittura per fini privati. Si approfondiscono le divisioni nella sinistra fomentate dal Psi, schierato per "le ragioni umanitarie". Le Br diventano il braccio armato della restaurazione. Fruttificano allora i semi del riflusso. Vengono messi sotto accusa tutti coloro che manifestano idee progressiste e credono nel rinnovamento del paese. Il terrorismo provoca il contrario della rivoluzione, scardina, livella, pialla, smussa tutto quanto si sta muovendo nella società, rende difficile, impossibile forse, la ribellione e anche la protesta, riportando indietro di decenni i modi di considerare i fatti della vita. Come se un sottile disegno normalizzatore spazzasse via tutto ciò che i dominanti considerano da sempre disturbante.

Le lettere di Moro punteggiano come i tocchi di una campana a morto i 55 giorni del sequestro. Nel memoriale scritto nella «prigione del popolo», lo statista parla della nomina di Barone a amministratore delegato del Banco di Roma «legata a benemerenze acquisite per aiuti da dare alla gestione del referendum e concordata tra Palazzo Chigi e piazza del Gesú. Ho appena da richiamare il grave disagio che ne era derivato ad una persona interessata come l'avvocato Veronese, disagio del resto giustificato se le cose sono poi andate come sono andate. Su questo punto l'informazione è identica anche per la sua fonte, sia che si tratti del presidente Andreotti sia che si tratti del segretario Fanfani».

Moro parla anche del viaggio di Andreotti negli Stati Uniti, «quando egli era presidente del gruppo parlamentare Dc della Camera» e spunta fuori Sindona: «Emerse (...) a questo punto un altro e diverso problema, avendo avuto sentore che il momento piú importante del viaggio dal punto di vista mondano e anche politico era un qualificato incontro con il signor Sindona il quale avrebbe dovuto offrire il banchetto ufficiale al nostro parlamentare.

«Tra dubbi miei e dubbi di altri della cosa finí per essere investito il competentissimo ambasciatore d'Italia Egidio Ortona, che a Washington aveva passato ben 17 anni della sua carriera. Il solo accenno al nome dell'offerente destò in lui la piú forte reazione, sicché, pur con lo stile misurato proprio dei veri servitori dello Stato, non mancò di tratteggiare le caratteristiche della persona, le reazioni di ambiente e la conseguente inopportunità di qualificare la visita in quel modo. Non conforme al saggio giudizio dell'ambasciatore ed al mio stesso amichevole consiglio fu la reazione dell'on. Andreotti il quale escluse la validità di qualsiasi obiezione, mostrò che era quello poi l'oggetto del suo viaggio che da libero cittadino condusse a termine cosí come lo aveva progettato. Questi erano i vincoli pubblici e non privati, che legavano i due personaggi. Cosa che a prescindere dal merito, non può non essere valutata sul piano della opportunità»[8].

Giorgio Ambrosoli sta ultimando la seconda relazione per il giudice istruttore. L'8 maggio la consegna a Urbisci e a Viola, l'indomani va a Roma per consegnarla alla Banca d'Italia: proprio quel giorno, alle due del pomeriggio, in via Caetani, a pochi passi dalla direzione del Pci in via delle Botteghe Oscure, in una Renault color amaranto viene trovato il cadavere di Aldo Moro.

La relazione al giudice istruttore rivela la razionalità del commissario liquidatore. Il suo sforzo di limpidezza, in una materia cosí ingarbugliata, è quasi maniacale. Ambrosoli parte da lontano, racconta l'origine delle banche sindoniane – la Banca Unione e la Banca Privata Finanziaria –, rivela qual era la situazione finanziaria delle banche al momento della fusione, spiega la situazione al momento della liquidazione, lo stato passivo, i realizzi e lo sbilancio.

Poi entra nella giungla delle perdite e delle possibili cause, analizza le operazioni in cambi, fa ben capire quale fu la sbalorditiva operazione con la Westminster Bank del 1973: «La Banca Privata Finanziaria, che denunciava operazioni in cambi per 67 miliardi, ne aveva invece per oltre 5000 miliardi e la Banca Unione che ne denunciava

---

[8] Commissione parlamentare d'inchiesta sul terrorismo in Italia e sulle cause della mancata individuazione dei responsabili delle stragi. Relazione sulla documentazione rinvenuta il 9 ottobre 1990 in via Monte Nevoso a Milano con annessa la documentazione stessa. X Legislatura, Doc. XXIII, n. 26, volume II, Memoriale, pp. 18-23.

per 210 miliardi ne aveva in essere per oltre 5000 miliardi».

È un'impietosa radiografia, la seconda relazione al giudice istruttore del commissario liquidatore. Il capitolo sui «finanziamenti irregolari in divisa» è tra i piú romanzeschi perché il commissario dopo aver esaminato il problema in generale e spiegato come avvenivano i finanziamenti a società del gruppo Sindona, come venivano costituite apparenti garanzie e come venivano acquistate partecipazioni estere, entra nel dettaglio dei famosi depositi fiduciari e come un anatomo-patologo svela che cosa avveniva effettivamente nell'impero Sindona, che cos'erano le società dai fantastici nomi, la Mabusi, la Gadena e la Menna, la Kaitas, la Kilda e l'Alifin, la Sapital, l'Edilcayman e l'Edilnassau e come fu acquistata la Banca Generale di credito, come furono comprate le azioni Argus, come avvenne il finanziamento per l'acquisto della Pacchetti, quali furono le responsabilità dell'Amincor Bank, che funzione di ultima spiaggia ebbe la società Arana, «l'ectoplasma utilizzato per fini fraudolenti». E rivela chi furono gli amministratori e i dirigenti delle banche sindoniane responsabili delle azioni fuorilegge, come furono usati i cento milioni di dollari prestati dal Banco di Roma, che cos'erano e come funzionavano i mandati fiduciari, perché sparirono i documenti: «La sottrazione di documenti aziendali e la loro distruzione è un fatto certamente di rilevanza penale. Si è voluto con ogni mezzo impedire e comunque rendere piú difficile la ricostruzione dei fatti e soprattutto rendere impossibili e piú difficoltose le azioni di recupero delle somme distratte a favore di terzi».

Il commissario liquidatore ricostruisce i meccanismi dei raggiri: ripercorre i tracciati di quei miliardi fantasma, fotografa quanto è stato rubato e da chi, spoglia dei suoi panni regali il «salvatore della lira».

CAPITOLO DODICESIMO

Una requisitoria apparentemente asettica, ma senza scampo. Come possono il presidente del Consiglio e il ministro e il sottosegretario di Stato da lui delegati e i personaggi con un'apparente veste di rispettabilità seguitare a perseguire l'opera di salvataggio di Sindona dopo una simile radiografia?

Ambrosoli e i suoi collaboratori sono coscienti dell'importanza e della delicatezza della relazione che deve restare segreta fin quando il giudice istruttore la depositerà per la difesa di Sindona e per i periti contabili. E siccome bisogna consegnare per legge la relazione a una dozzina di persone e di uffici – il giudice istruttore, il pubblico ministero, la Banca d'Italia, la Guardia di finanza, i membri del comitato di sorveglianza – e c'è il rischio di una fuga di notizie, Ambrosoli adotta uno stratagemma. Ogni copia viene scritta con un errore di battitura diverso dalle altre copie: le varianti sono annotate e conservate in un luogo sicuro. Se la copia uscirà, si saprà chi è stato a violare il segreto conosciuto da pochi: l'avvocato, la segretaria che ha battuto a macchina le relazioni, il maresciallo Novembre, il maresciallo Gotelli.

In agosto, Giorgio Ambrosoli va ad abitare in via Morozzo della Rocca, sempre nel quartiere di San Vittore, una casa che gli piace, piú grande, comoda, simpatica. La sua vita privata è scarna di fatti, vede sempre gli stessi amici, quando e come può, Filippo è stato ammesso al Leone XIII, la scuola dei gesuiti, a Torino vede la Santa Sindone, suo padre si rompe una gamba, le vacanze le passa a Bormio e a Monte Marcello, fa un viaggio a Praga per una questione del suo studio legale, quasi completamente trascurato.

Annalori Ambrosoli è sempre angosciata, attenta e partecipe alle notizie sugli attentati, il terrorismo, la violenza che legge sui giornali. Basta che Giorgio tardi pochi minuti e lei pensa subito all'irreparabile. Ha sempre negli occhi e nel cuore quella lettera-testamento: «Anna carissima, qualsiasi cosa succeda...»

Muore Giovanni Nicolò, un dirigente della Banca Privata Italiana e Ambrosoli ne è profondamente addolorato. È un uomo ingenuo, candido, onesto, usato da Sindona come amministratore di certe società, non si è reso ben conto di che cosa bolliva in quelle pentole e ha passato un mucchio di guai. È stato leale con Ambrosoli e l'ha aiutato come ha potuto a ricostruire i cammini del malaffare.

La nota che Giorgio Ambrosoli scrive sulla sua agenda non è formale, l'avvocato si sgela: «Muore per incidente auto G. Nicolò: persona patetica in vita che paga per la povertà. Era intelligente e modesto, ma è l'unico che paga del gruppo Sindona. Sfruttato allora perché povero non aveva certo fatto soldi con il gruppo e aveva servito fedelmente. Aveva pagato piú degli altri: i pericoli di fallimento personali, i pignoramenti, la separazione coniugale necessaria per salvare i mobili di casa. E ora quando credeva di uscire dal tunnel, la solita beffa! Mi dispiace veramente».

Per due volte si rifà vivo Walter Navarra, ma Ambrosoli non sembra preoccupato. Dalla Svezia arriva a intervistarlo Stefania Svenstedt che sta girando un film su Sindona per la Tv svedese. Dagli Stati Uniti arrivano piú volte a Milano i giudici americani, soprattutto John Kenney. I giudici italiani vanno anche loro a New York, ci va anche il maresciallo Novembre che stabilisce rapporti di familiarità con gli agenti dell'Fbi.

«Ma voi lo volete o non lo volete Sindona? – gli chiedono una volta. – Perché, – aggiungono, – non pare proprio che il governo italiano abbia le vostre stesse opinioni».

«Guardate, – gli dicono un'altra volta, – che abbiamo saputo di un intervento in senso moderatore fatto dal console generale d'Italia a New York».

La questione dell'estradizione di Michele Sindona dagli Stati Uniti in Italia è complicatissima. Viene chiesta il 24 febbraio 1975, viene concessa il 25 marzo 1980. E come tutte le faccende che riguardano Sindona crea uno scomposto agitarsi di personaggi, avvocati, mafiosi, presidenti del consiglio, pubblici ministeri, procuratori distrettuali, segretarie d'azienda, postini.

In Italia è stato avviato un processo penale per bancarotta fraudolenta. Negli Stati Uniti è in corso un'indagine per i fatti della Franklin National Bank. Si accavallano tra gli stati difficoltà giuridiche, linguistiche, politiche, di metodo, di procedura. Si intrecciano questioni di convenienza, di opportunità, pressioni, compiacenze. Si incrostano lettere, memorandum, minute, conversazioni segrete, appunti, raccomandazioni.

Campione di attivismo politico di massa: dopo la prima decisione del giudice Griesa che il 18 maggio 1978 si pronuncia per l'estradabilità di Sindona, quella che viene chiamata la comunità italo-americana di New York copre Giulio Andreotti di telegrammi sollecitandolo a intervenire per salvare il compatriota.

Campione di machiavellismo spicciolo: secondo l'avvocato Guzzi, Giulio Andreotti parla tra amici di una campagna di stampa a favore di Sindona da affidare al «Borghese» e il professor Agostino Gambino, navigato avvocato di Sindona, si scandalizza. «Il Borghese?» Ho capito bene?

Gli americani, come ha deposto davanti alla Commissione parlamentare Roberto Gaja, ambasciatore negli Stati Uniti dal 1975 al 1978, hanno sempre puntato a servirsi della procedura dell'estradizione non per consegnare Sindona allo Stato italiano, ma per avere prove sufficienti a condannarlo negli Stati Uniti: «Le autorità statunitensi non volevano consegnare Sindona e poi scoprire che si era reso responsabile di gravi reati in America. Il loro scopo era dunque quello di condannarlo prima e poi di consegnarlo all'Italia»[9].

Avvengono di continuo disguidi, disfunzioni, inciampi. L'imperfezione formale e sostanziale dei documenti allunga sempre di piú i tempi della procedura. L'andare e venire degli incartamenti diventa farraginosa. Gli avvocati di Sindona sono abili, agguerriti, danarosi, lo Stato italiano ha un avvocato a metà tempo e dattilografi con le mani mozze. Per tradurre un documento occorrono 20 giorni e la traduzione è spesso fatta in un inglese approssimativo e incomprensibile.

Una volta il giudice Viola esplode di rabbia impotente: «Desta amarezza – dice ai giornalisti – che documenti di estrema importanza siano ancora fermi se non addirittura smarriti presso il Ministero degli Affari Esteri che avrebbe dovuto apporre solo un timbro e inviarli poi all'ambasciata americana a Roma». Sono numerose, aggiunge, le interferenze e le omissioni usate da troppi anni a favore di Sindona. Da tempo è aperta «un'inchiesta sui vari intralci che la massoneria, ben individuate forze politiche e la mafia hanno frapposto al corso della giustizia»[10].

È sufficiente l'incompetenza, la carenza di mezzi, il mestiere ministeriale ridotto a un tran tran, sono sufficienti i comportamenti sciatti dell'amministrazione, la sua incuria e inadeguatezza per spiegare i ritardi di anni?

Se lo domandano anche i parlamentari D'Alema, Mi-

---

[9] Commissione Sindona. Relazione di minoranza D'Alema, Minervini, Cafiero cit., p. 419.
[10] *Ibid.*, p. 424.

CAPITOLO DODICESIMO

nervini, Cafiero, relatori di minoranza della Commissione d'inchiesta: «Sono lentezze e ritardi colpevoli? Non siamo in grado di affermarlo, propendiamo a escluderlo. Tuttavia vi sono alcuni episodi avvenuti in Italia e momenti del procedimento Usa che suscitano forti perplessità o pesanti sospetti. A ingenerare perplessità vi è, ad esempio, la nota del Ministero della Giustizia italiano a quello degli Affari Esteri del 21 giugno 1979 perché curasse la legalizzazione dei documenti per l'estradizione presso l'ambasciata americana, nota che fu inviata priva della firma del rappresentante del Ministero della Giustizia. Questa lettera assai urgente è stata mandata per posta e non per corriere e su di essa non fu indicato il carattere urgente. Per questo motivo i documenti legalizzati giunsero al Dipartimento di Stato il 10 luglio, dopo 20 giorni»[11].

Dell'estradizione si occupano e si preoccupano, non per favorirla, Andreotti, Evangelisti, ai vertici del governo che l'estradizione ha chiesto. Andreotti ha già ricevuto Paul Rao e Philip Guarino e ha assicurato il suo interessamento. Il presidente del Consiglio non trascura mai le notizie sulla procedura di estradizione: Massimo De Carolis, che vede spesso Sindona a New York, in quegli anni siede vicino a lui alla Camera e gli parla piú volte della questione. Della Gratton, la lobbista che lavora per Andreotti negli Stati Uniti, gli telefona spesso per informarlo.

Il salvataggio della Banca Privata Italiana e la caduta del mandato di cattura in Italia e la questione dell'estradizione dagli Stati Uniti sono strettamente intrecciati. Andreotti punta soprattutto sulla soluzione nostrana, la considera preminente. In Italia, dove il suo potere è certo maggiore, mette in campo uomini e astuzie, al di là dei do-

[11] *Ibid.*

veri di un uomo di governo che deve preoccuparsi di un delicato problema dai risvolti internazionali com'è il caso Sindona. Negli Stati Uniti spesso promette e non fa, lasciando desolati i suoi fedeli.

Manovrano invece con efficacia negli Stati Uniti usando la tecnica dei clan, con buoni risultati a favore di Sindona, soprattutto i magistrati massoni, i piduisti, gli amici degli amici della collettività italiana. Si impegna molto Daniel Porco, che cura gli interessi americani di Sindona. Si impegna molto la mafia: «Alla domanda se abbia mai visto Sindona in compagnia di elementi mafiosi, Porco risponde [all'Fbi] che ciò si è verificato due volte: una prima volta in occasione di un ricevimento tenutosi tempo addietro al ristorante St. Regis in onore dell'allora presidente del Consiglio Giulio Andreotti; una seconda volta in tempo più recente, nell'estate 1978, in occasione di una festa tenutasi a Staten Island in un motel di proprietà di John Macaluso, costruttore e socio in affari di Sindona, alla quale parteciparono circa 200 persone e nella quale si raccolsero fondi per le spese legali di Sindona»[12].

Per l'avvocato Ambrosoli e per il maresciallo Novembre è un grave problema la scelta dell'atteggiamento da tenere nei confronti dei giudici americani.

Aiutarli, far tacere l'amor di patria, l'orgoglio di mestiere, la rivalità naturale, lo spirito di gruppo e di corpo o non aiutarli e procedere in modo separato lavorando perché il processo italiano sia celebrato prima di quello della Franklin National Bank?

Sono coscienti che i giudici americani, con la snellezza della procedura penale della common law, cosí diversa dal codice Rocco, sono in grado di accelerare i tempi e di arrivare per primi a processare Sindona.

[12] Turone, Sentenza-ordinanza cit., p. 88.

CAPITOLO DODICESIMO

Sono anche coscienti che una condanna di Sindona negli Stati Uniti ha come conseguenza di ostacolare e di procrastinare la sua estradizione in Italia.

Decidono di aiutare i giudici degli Stati Uniti in nome della giustizia unica e indivisibile. Si crea cosí un'unità di azione tra gli italiani e gli americani.

Ambrosoli e i suoi collaboratori forniscono molte prove, dànno indicazioni per riempire i tasselli oscuri, molti: l'acquisto della Franklin National Bank, la fonte dei 40 miliardi di dollari usati per l'operazione Talcott, la natura dolosa dei rapporti di cambio tra l'Amincor Bank di Zurigo e la Franklin, la struttura dei depositi fiduciari, la documentazione che le risposte date da Sindona alla Securities and Exchange Commission sono false.

Sindona s'infuria. Lo disturba profondamente che, attraverso il commissario liquidatore della Banca Privata Italiana, gli americani siano venuti a conoscere i segreti della Franklin. Il piú importante, soprattutto: la prova che i fondi adoperati per acquistare la banca non erano suoi.

Capitolo tredicesimo

Il 15 luglio 1978, l'avvocato Rodolfo Guzzi ha una riunione con il presidente del Consiglio. Scrive sulla sua agenda: «*G.A.*: esposizione della strategia-pedina da muovere - Stammati sarebbe idoneo».

Spiegherà tre anni dopo ai giudici: «Incontro Giulio Andreotti al quale faccio una dettagliata esposizione della strategia nel senso che riferisco del programma che si intende perseguire attraverso la soluzione tecnica e Giulio Andreotti mi dice che la persona idonea per affiancarmi nella vicenda è il professor Gaetano Stammati».

I giudici sono maliziosi. Che cosa significa «pedina da muovere?»

Guzzi ha una sua dialettica. Non è il povero Stammati, naturalmente, la pedina: «L'annotazione "pedina da muovere" va intesa nel senso che avevo intenzione di attivarmi per far intervenire Stammati»[1].

Gaetano Stammati è il ministro dei Lavori Pubblici del governo di solidarietà nazionale. Professore di Scienza delle Finanze, esperto di sistemi fiscali, è stato direttore generale del Tesoro, poi Ragioniere generale dello Stato e dall'aprile 1972, per volontà del Ministro Emilio Colombo, deciso a eliminare dalla Banca Commerciale un uomo come Raffaele Mattioli, presidente della Comit. Dove ri-

[1] Interrogatorio di Rodolfo Guzzi, 9-10 ottobre 1981, in Commissione parlamentare d'inchiesta sulla Loggia massonica P2. Allegati alla relazione cit., pp. 807-77 e 952.

mane fino al febbraio 1976, quando è nominato, come tecnico, ministro delle Finanze. Inizia allora la sua carriera politica: è eletto senatore nelle liste della Democrazia cristiana, ministro del Tesoro nel ministero Andreotti della «non sfiducia», ministro dei Lavori pubblici nel ministero Andreotti nato il giorno del sequestro di Aldo Moro. Il suo nome, il 17 marzo 1981, sarà trovato nelle liste della Loggia P2, tessera numero 1636.

Guzzi rivede Andreotti dieci giorni dopo – in neppure due anni, anni difficili e calamitosi per la storia della Repubblica, lo incontra almeno dodici volte –, gli fa una «panoramica della situazione», gli parla dei contatti avuti con Federici e con Cuccia. Andreotti ne è soddisfatto come un padre di famiglia o come un amorevole capufficio.

L'avvocato incontra Stammati il 2 agosto e gli illustra il progetto di salvataggio della Banca Privata. Lo incontra di nuovo alla fine di agosto: l'operazione è fattibile, gli dice il ministro. Ne parlerà con gli uomini della Banca d'Italia.

Gaetano Stammati, ministro dei Lavori pubblici, è uno studioso di questioni finanziarie, ma non ha nessuna competenza istituzionale nella liquidazione coatta della Banca Privata Italiana. Andreotti opera in modo ovattato, sceglie una persona fidata perché tutto resti riservato, chiuso nell'ambito del gruppo, della piccola brigata. Commenta la relazione di minoranza della Commissione parlamentare d'inchiesta: «Sarebbe toccato all'allora ministro del Tesoro Pandolfi, con la Banca d'Italia e il commissario liquidatore, acquisire tutti gli elementi per giudicare la situazione della banca di Sindona al fine di valutare quali interessi generali da tutelare erano in gioco e quale fosse quindi il da farsi, ammesso che vi fosse qualcosa da fare nel senso desiderato e auspicato dall'onorevole Andreotti. Si noti che qualsiasi soluzione per la chiusura anticipata della liquidazione presupponeva la proposta del liquidatore e il parere della Banca d'Italia. Andreotti non interpella queste sedi competenti, ma preferisce praticare strade sub-istituzionali, il che la dice lunga sulla correttezza delle sue motivazioni»[2].

Michele Sindona incontra a New York Franco Evangelisti, sottosegretario alla Presidenza del Consiglio. Per caso, naturalmente, mentre Evangelisti sta andando a comprare dei soldatini da Schwarz, il giocattolaio della Quinta strada a due passi dal Central Park e dall'Hotel Pierre, dove vive Sindona. Sindona parla, parla. Prova una simpatia istintiva per Evangelisti, burbero, benefico e dialettale, presidente della Federazione di pugilato, senza fisime intellettuali, un politico della pratica. È lui l'uomo giusto per sanare i suoi guai. Telefona subito a Guzzi e Guzzi fa da messaggero col presidente del Consiglio e il presidente del Consiglio accontenta l'amico lontano. L'idea è di un collegio politico di difesa, Stammati il professore, Evangelisti l'esecutore.

Un giocherellone, l'onorevole Evangelisti. Una sera incontra in casa d'amici Rodolfo Guzzi e gli mette sotto il naso un biglietto scritto a mano: «Avvocato, conosce questa calligrafia?» E gli fa vedere il biglietto che Guzzi aveva scritto a Andreotti mandandogli il 28 agosto l'ennesimo memorandum. E che Giulio ha consegnato a lui.

Il caso Sindona ha anche questi passaggi casalinghi, un po' caserecci, sminuzza i grandi fatti e li riduce a episodi da cortile, con odor di fureria, come succede spesso nella politica italiana.

Evangelisti non perde tempo. Il governatore della Banca d'Italia, Paolo Baffi, scrive nel suo diario: «5 settem-

---

[2] Commissione Sindona. Relazione di minoranza D'Alema, Minervini, Cafiero cit., p. 383.

CAPITOLO TREDICESIMO

bre: Sarcinelli viene convocato a Palazzo Chigi da Evangelisti che gli mostra bozze di documenti in cui si prefigura una sistemazione del caso Sindona. Sarcinelli afferma che per valutare le ipotesi fatte occorrerebbe studiare e far studiare i documenti: a prima vista, comunque, le soluzioni ipotizzate gli sembrano fuori dall'ambito delle cose possibili. Evangelisti si riserva di far sapere se potrà mettere a disposizione i documenti».

«8 settembre: Evangelisti comunica a Sarcinelli che non è piú necessario l'invio di "quelle carte" per l'esame»[3].

Andreotti è problematico. La massiccia offensiva, nonostante i tentativi, gli sforzi, le spinte, i propositi autorevoli di arrivare al salvataggio di Sindona e della Banca Privata Italiana, non va in porto. Il presidente del Consiglio è prigioniero di una doppia paura. Da un lato Sindona che lo tormenta ossessivo, ricattatorio, dall'altro il Partito comunista che nulla sa di quel che sta accadendo, nulla fa per difendere Ambrosoli e la Banca d'Italia, ma è una presenza essenziale, di cui Andreotti deve tener conto, se si arrivasse a un progetto di salvataggio.

Sandro Pertini, che è stato eletto presidente della Repubblica il 9 luglio 1978, dopo le dimissioni di Giovanni Leone imposte dal Pci, rappresenta un segno di pulizia, un riferimento popolare. Ma i mesi dopo il sequestro e l'assassinio di Moro hanno riaperto piaghe mai sanate. L'intreccio politico, affaristico, giudiziario, con il supporto delle bande di diversa affiliazione dei servizi segreti e con la gestione della P2, affiora con virulenza. Il terrorismo non è calato d'intensità e penalizza politicamente i

[3] Paolo Baffi, in «Panorama», 11 febbraio 1990.

comunisti che si svenano nel sorreggere le istituzioni della Repubblica. La crisi economica – lo stato della finanza pubblica, la disoccupazione – è sempre acuta. Il famoso nuovo modo di governare è chimerico, la lottizzazione sta diventando selvaggia. Il Pci riesce a penetrare negli spazi municipali, non nei grandi potentati. Sono i partiti tradizionali del centro-sinistra a decidere le nomine negli Enti a partecipazione statale, l'Iri, l'Eni, l'Efim, l'Ina. È invece una maggioranza di centro-destra a aderire al Sistema monetario europeo, con l'opposizione dei comunisti. La solidarietà nazionale scricchiola, Berlinguer comincia a fare il conto degli inganni subiti, delle sordità andreottiane, delle manovre ritardatrici, delle inadempienze, delle inaccettabili spartizioni di enti pubblici[4].

Le acque si stanno intorbidando sempre di piú, Sindona è inquieto anche lui, comincia a non credere alle promesse. È allora che compare sulla scena l'idea di violenza.

Il 18 ottobre, Rodolfo Guzzi ha uno choc: «Riunione a Zurigo con P.S.M. e Cuccia». Che cosa succede per inquietare un uomo aduso alle necessità della vita?

«Mi sembra che la riunione si tenne verso le 9,30 del mattino. Scambiati i saluti, Pier Sandro Magnoni estrae dalle carte una lettera scritta di pugno da Michele Sindona su carta righettata gialla che legge al dott. Cuccia. In questa lettera, Michele Sindona comunica al dott. Cuccia che la comunità italo-americana ha deciso di condannarlo perché nemico di Michele Sindona. In questa lettera, da un lato farneticante, ma dall'altro veramente sconvolgente, Michele Sindona, per quanto io oggi ricordo, fa un discorso del seguente tenore: la comunità ti ha condannato, io posso fare ancora qualcosa tenendo a bada alcuni cen-

[4] Giuseppe Fiori, *Vita di Enrico Berlinguer*, Laterza, Roma-Bari 1989.

CAPITOLO TREDICESIMO

tri della comunità; dovrò fare un giro che peraltro è costoso, ma spero di poter riuscire. Questo messaggio (...) crea in me che assisto per la prima volta a un fatto del genere un trauma indescrivibile. Pier Sandro Magnoni assume un atteggiamento garantista e dice che egli farà tutto il possibile per bloccare quella situazione e quindi anche quelle minacce che Michele Sindona intendeva attribuire a altri – vedi comunità – e non a lui. Io personalmente sono soltanto sconvolto»[5].

Guzzi parla di abbandonare la difesa di Sindona – la lascerà solo il 21 maggio 1980 –, dice che Sindona comincia a dare segni di una follia incontenibile, è preoccupato soprattutto della reazione di Enrico Cuccia: come l'ha presa, farà denuncia, è ancora disposto a collaborare?

Le notizie sul salvataggio scivolano a corrente alternata. I nemici, per Sindona, sono Ambrosoli, la Banca d'Italia, un fortilizio imprendibile in cui si sono asserragliati Baffi, Ciampi e Sarcinelli. Il 30 novembre, Guzzi prende coraggio e telefona a Sarcinelli. Non c'è e l'avvocato lascia detto alla segretaria quel che vuole: chiede un incontro per discutere sul progetto di salvataggio.

Qualche giorno dopo la signora Bigagli, la segretaria, lo richiama: «Comunica che il dott. Sarcinelli è spiacente di non potermi ricevere, ma egli nella sua qualità può ricevere solo gli amministratori e i liquidatori di Istituti di credito, non i legali di società o persone che risultano debitori di banche»[6].

Si tratta, come sempre in Italia, di rimediare, di seguire le vie oblique. Guzzi parla con Gelli che parla con Stammati che parla con Ciampi, il direttore generale della Banca d'Italia. Guzzi parla con Cuccia che fa orecchie da

---

[5] Commissione P2. Allegati alla relazione cit.
[6] *Ibid.*

mercante. Sei giorni dopo, la porta di casa dell'amministratore delegato di Mediobanca viene incendiata.

Guzzi parla con Magnoni: se il suocero ha scelto «la strada dei petardi e delle bombe, non vedo che cosa ci stiano a fare gli avvocati», gli dice. Parla anche con Ambrosoli che sa già del rifiuto di Sarcinelli.

La Banca d'Italia è sempre inaccessibile. Siccome Sarcinelli dice di no, si cerca di aggirare l'ostacolo proponendo un incontro a tre, Guzzi, Ciampi, Ambrosoli. Si mette in moto Stammati: Ciampi e Sarcinelli, d'accordo con il governatore Baffi, rispondono di ritenere inutile l'incontro.

Il 10 dicembre, Giorgio Ambrosoli parte per New York. Un soggiorno breve, il 13 mattina è già alla Malpensa. Gli americani, alla ricerca di prove per l'istruzione del processo penale sul dissesto della Franklin National Bank, hanno chiesto di ascoltare il commissario liquidatore della Banca Privata Italiana. Ambrosoli prepara le sue argomentazioni con il sostituto distrettuale John Kenney che conosce bene perché è venuto piú volte a Milano. Poi rende la sua testimonianza, segreta, davanti al *grand jury*, organo inquisitorio che ha il potere di investigare e di acquisire prove *ex officio*.

L'udienza finisce presto, l'avvocato avrebbe il tempo di fare un po' di shopping natalizio da Bloomingdale's oppure di andare al Metropolitan Museum. Sulla sua agenda c'è invece una nota che inquieta.

11 dicembre 1978: «Cerco inutilmente Michele Sindona passando davanti al Pierre».

È il pensiero dominante. Ambrosoli non ha la fortuna dell'onorevole Evangelisti, forse perché non gli viene in mente di comprare soldatini dal giocattolaio Schwarz. Sa che Sindona vive in un appartamento all'Hotel Pierre, all'angolo tra la Fifth Avenue e la 61 Street, ha già reso la sua deposizione ostile e potrebbero ucciderlo, nel fra-

CAPITOLO TREDICESIMO

stuono e nel traffico, gli uomini della mafia di Long Island quando, per piú di mezz'ora, cammina rasente il Central Park, lungo i tendoni bianchi degli alberghi vigilati dai portieri e dalle guardie armate.

Chissà che cosa avrebbe voluto dire, sapere, chiedere a quello che lui definisce «il genio del male» con cui ha convissuto ogni giorno e ogni notte da quattro anni. Delucidazioni tecnico-finanziarie, quesiti per colmare i buchi neri dell'inchiesta o anche qualcosa di impalpabile, un voler capire che uomo c'era veramente dietro quell'intrico di idee malefiche e qualche volta scintillanti, portatrici di ricchezza malata, di devastazione, di sangue?

Alla fine di dicembre cominciano le telefonate di morte. Otto telefonate minacciose, circostanziate, documentate. Sindona ha scelto ormai senza esitare la via della morte.

28 dicembre 1978: «Mi cerca 4 volte al telefono, in studio prima e in banca poi, tale "Cuccia". Lamenta che in Usa non avrei detto la verità su Michele Sindona. Devi tornare là entro il 4 gennaio con i documenti veri, dice, perché se Michele Sindona viene estradato tu non campi. È la prima telefonata minatoria dopo 4 anni e può essere un pazzo. Però sapeva che ero stato in Usa, – però non sapeva che in studio non ci sono mai e – per essere un pazzo – ha insistito tutto il giorno per riuscire a parlarmi».

Ambrosoli fa di tutto per sembrar normale, è convinto di essere nel giusto e non ha paura. È il suo ultimo San Silvestro. Passa il Capodanno a Bormio con Giorgio Balzaretti e altri amici, poi si ferma in montagna qualche giorno. Certo, quella voce – la voce del Picciotto, come scrive, con la maiuscola – rompe le pareti, mette a nudo tutte le fragilità.

5 gennaio 1979: «Ritelefona due volte il soggetto che si

presenta a nome " Cuccia ": stavolta a nome " Sarcinelli ". Insiste perché vada in Usa e dice che il 15 gennaio può intervenire estradizione. Avverto Urbisci. Cena Rosica».

All'Epifania va di nuovo a Bormio. A Milano lo aspetta la voce minacciosa.

8 gennaio 1979: «Telefona il solito "Sarcinelli". Faccio rapporto a Viola».

9 gennaio 1979: «Altre due telefonate del solito soggetto ma da Roma. Sa di Andreotti e Cuccia. Dice che mi dovrebbe aver telefonato Ciampi. Entra in funzione il controllo telefonico, ma se effettivamente il tipo è a Roma c'è poco da contarci. Il Picciotto dice che Andreotti trama contro di me: tutti dicono che se la cosa non si fa è colpa mia».

10 gennaio 1979: «Viene Guzzi e apre: " Le ha telefonato Ciampi? " Allora mi secco e gli faccio sentire la telefonata del Picciotto. È a terra. Dice di aver detto a M.S. che Stammati gli aveva assicurato che Ciampi mi avrebbe chiamato per parlare con Sarcinelli e Guzzi: evidentemente – dice – M.S. l'ha detto al Picciotto. Iniziativa che deplora. Oggi telefonerà a M.S. Alle 12 chiama Picciotto. Sente che Guzzi – presente – non mi ha detto di andare in Usa e non mi ha dato memoriale. È offeso con gli avvocati e dice che telefonerà alle 3 a M.S.».

È un continuo gioco degli specchi. In che modo, l'avvocato Guzzi, ricorda ai giudici che lo interrogano quel 10 gennaio 1979? «Io incontro l'avvocato Ambrosoli alle ore 12 presso la Banca Privata. (...) L'avvocato Ambrosoli, nello scambiarci preventivamente alcune considerazioni di come avessimo trascorso le vacanze natalizie, mi dice che egli purtroppo è stato disturbato da telefonate minacciose. Mi dice anche che con tutta probabilità questo interlocutore anonimo che egli definisce "picciotto" avrebbe richiamato di lí a poco. Infatti, mentre stiamo conversando sulle questioni della Banca Privata Italiana e sui contatti avuti, il picciotto chiama e l'avvocato Ambrosoli, inserendo un amplificatore, mi fa assistere alla telefonata. Il tenore della telefonata, nel suo contenuto essenziale, è pressappoco questo: "Allora, avvocato, ha deciso di andare a New York per quei documenti?" Ambrosoli risponde: "Ma io veramente non ho capito di quali documenti si tratta". (...) Il picciotto insiste e dice: "Ma allora quando va a New York?" (...) Non ricordo ma mi sembra di poter aggiungere che in quella telefonata il picciotto facesse riferimento anche al dottor Ciampi nel senso che Ciampi era disponibile e che Ambrosoli invece si rifiutava di collaborare»[7].

Giorgio Ambrosoli, allarmato, parte per Roma, incontra Mario Sarcinelli, tenta di capire che cosa sta succedendo. Perché adesso? Che cosa significano quegli accenni a Carlo Azeglio Ciampi?
11 gennaio 1979: «Sarcinelli conferma chiamata a Palazzo Chigi. C'era Franco Evangelisti: assente G. Andreotti per viaggio in Libia. Mostrategli lettere Bin a me e quella di Michele Sindona a Bin, Sarcinelli replica: chi rende fondi 126 miliardi a Banca d'Italia? Discorso chiuso. Ora ripreso tramite Stammati su Ciampi ma questi contesta competenze Sarcinelli. Sarcinelli disposto dimissioni piuttosto che cedere».
Ambrosoli fa appena in tempo a ritornare a Milano. La voce lo aspetta. Il 12 gennaio, a mezzogiorno, come di solito. È l'ultima telefonata, la piú sinistra. A Pino Gusmaroli, che è presente, sembra di esser dentro la scena di un film sulla mafia.

[7] Commissione P2. Allegati alla relazione cit.

Sconosciuto: «Pronto avvocato!»

Ambrosoli: «Buon giorno».

Sconosciuto: «Buon giorno. L'altro giorno ha voluto fare il furbo? Ha fatto registrare tutta la telefonata».

Ambrosoli: «Chi glielo ha detto?»

Sconosciuto: «Eh, sono fatti miei chi me l'ha detto. Io la volevo salvare, ma da questo momento non la salvo piú».

Ambrosoli: «Non mi salva piú?»

Sconosciuto: «Non la salvo piú perché lei è degno solo di morire ammazzato come un cornuto! Lei è un cornuto e bastardo!»

12 gennaio 1979: «(...) Polizia tributaria armata. Novembre e Carluccio sono veri amici. Aveva telefonato Guzzi: insisteva nel dirmi imminente la telefonata di Ciampi. Ora – dice – ritelefono a Stammati. Lo richiamo dopo la telefonata del Picciotto e lo informo. Appare in difficoltà e dice che è una gaffe in piú del cliente».

Poi le telefonate cessano di colpo. Ambrosoli non va a New York a cambiare la sua deposizione davanti al *grand jury*, non si ammorbidisce, non fa nulla di quanto lo sconosciuto gli chiede.

Perché le telefonate cessano del tutto? Ambrosoli dà un'interpretazione riduttiva: «Hanno capito che non c'è niente da fare, dice a Silvio Novembre, e allora hanno smesso». O meglio: «Sindona ha avuto solide assicurazioni dai suoi referenti politici e ha accantonato l'idea di un'azione violenta».

Non lo sfiora il sospetto che di fronte all'intransigenza, Michele Sindona ha già deciso di uccidere.

Ambrosoli non sa di Enrico Cuccia, non conosce il suo ruolo nell'affare Sindona. Il nome «Cuccia» salta fuori

CAPITOLO TREDICESIMO

dalla telefonata minacciosa. Ambrosoli vorrebbe farlo sapere all'amministratore delegato di Mediobanca che non conosce. Ha una via riservata e sicura. Sinibaldo Tino, avvocato, nipote di Adolfo Tino, il vecchio presidente di Mediobanca, è uno dei consulenti di Ambrosoli, suo stretto collaboratore fin dal settembre 1974. Tino ha lo studio nel cortile di Mediobanca e dopo le telefonate va a parlare con Cuccia a nome dell'avvocato Ambrosoli. Gli racconta dell'anonimo che certe volte si qualifica per «Cuccia». Ha ricevuto anche lui delle telefonate di minaccia? Cuccia risponde di sí, ma dice che preferisce non parlarne. Non ha nessuna fiducia nei magistrati, non ha nessuna fiducia nello Stato.

Pochi giorni dopo, Giorgio Ambrosoli ha un altro colpo al cuore. Va a Lugano e passa la sera con Carlo De Mojana e con Pier Sandro Magnoni. Sono un gioco dell'assurdo quegli incontri svizzeri. I duellanti si studiano, pensano ognuno di ricavare piú informazioni dell'altro. Sindona spera anche che possa essere quello il posto della lusinga o della corruzione. Ambrosoli non rifiuta mai una sfida, ma è cosciente del rischio, in allarme.

«Masochismo, il mio, – scrive sull'agenda il 16 gennaio 1979. – Hanno la mia seconda relazione al giudice istruttore, ma ribattuta».

È una gelida notte, quasi l'alba. Il maresciallo Novembre aspetta l'avvocato Ambrosoli alla frontiera di Chiasso. Ambrosoli è stravolto: «Silvio, hanno la relazione. E noi abbiamo il nemico in casa».

Le precauzioni usate, gli errori di battitura infilati tra le righe, diversi da copia a copia, non sono serviti a nulla. Sindona non ha fatto vanterie quando ha detto che lui è in grado di entrare in possesso anche del documento piú riservato. Ora ha messo le mani, chissà come, su una copia della seconda relazione e l'ha fatta ricopiare dalla segretaria americana per impedire l'identificazione della talpa[8].

Silvio Novembre prova una grande amarezza. Calvinista travestito da guardia, si sente con le mani nude davanti a quel segno di onnipotenza.

Mancano sei mesi alla morte di Ambrosoli. Da quella notte, Novembre è roso da un tarlo. Se avesse fatto sí il proprio dovere, ma se non avesse fatto di piú del proprio dovere, incalzando, mordendo, non avrebbe aiutato Ambrosoli a vivere? Poi ricaccia quel pensiero molesto. Sa che al suo amico Giorgio non sarebbe piaciuto.

[8] La magistratura milanese aprí un'inchiesta senza arrivare ad accertare la verità.

Capitolo quattordicesimo

«A Natale il giudice Emilio Alessandrini è già un condannato a morte. I terroristi di Prima linea cominciano in quei giorni il lavoro di ricognizione»: nel loro linguaggio significa che la decisione di uccidere è già presa. Minuziosi nell'indagine, gli vanno sotto casa, in viale Montenero 8, tra Porta Vittoria e Porta Romana, lungo la cerchia delle mura spagnole, si impratichiscono della zona, studiano per intere giornate le sue abitudini. Il magistrato esce la mattina presto, ha una Renault 5 color arancione, accompagna quasi sempre il figlio Marco che ha nove anni alla scuola elementare Ottolini-Belgioioso in via Colletta, a pochi isolati di distanza, poi va al palazzo di giustizia, in macchina, in tram, a piedi. (...)

«Il sostituto procuratore della Repubblica Emilio Alessandrini viene assassinato il 29 gennaio 1979 alle 8,30 della mattina all'incrocio tra viale Umbria e via Tertulliano. Sergio Segio spara per primo con una 38 Smith & Wesson, Marco Donat Cattin con una 357 Magnum Luger, Mazzola e Viscardi li coprono alle spalle, Russo Palombi li attende in auto. Il giudice ha solo il tempo di fare un gesto con la mano, quasi a dire: "Ma che cosa fate mai?", muore subito, colpito da sette rivoltellate. Si piega sul sedile della macchina, col capo lievemente reclinato sulla destra e le mani in grembo. Gli occhiali non sono caduti, il loden è insanguinato, il rimbombo dei colpi è arrivato alla scuola di via Colletta»[1].

Giorgio Ambrosoli accompagna tutte le mattine il figlio Betò che ha sette anni alla scuola elementare di via Ruffini. I saluti davanti alla porta e poi davanti all'aula sono interminabili, padre e figlio si staccano a fatica, dopo un via vai che dovrebbe essere ogni volta l'ultimo.

Betò è un bambino inquieto, intelligente e curioso, affascinato dalla figura del padre: sa che sta facendo un lavoro importante e un po' misterioso, tiene gli orecchi dritti, vuol sapere.

Una mattina la sua maestra di seconda elementare, la signora Pampaloni, manda a chiamare Annalori Ambrosoli. Da tre giorni il bambino, appena arriva a scuola, cade con la testa sul banco e s'addormenta: «Che cos'hai Umberto?»

E il bambino: «Ho delle gravi preoccupazioni».

«Sta succedendo qualcosa nella sua casa?» domanda la maestra.

«No, no», risponde Annalori sempre attenta in quegli anni a non far trasparire nulla di quel che prova. Al ritorno da Bormio, Giorgio le ha raccontato delle telefonate minatorie, ma l'ha anche pregata di non farne parola con nessuno.

A tavola, Annalori parla con tutti e tre i bambini, Francesca ha 10 anni, Filippo ne ha 9, Betò è il piú piccolo: dice soltanto che non devono tener nulla dentro di sé – il dolore, la gioia –, ma dir tutto, sempre, alla mamma, al papà. Francesca e Filippo la guardano interrogativi, Betò è muto, la testa bassa. Poi arriva la nonna Linda. È lei a

---

[1] Corrado Stajano, *L'Italia nichilista* cit.

CAPITOLO QUATTORDICESIMO

prender da parte Betò e Betò scoppia in un pianto dirotto e racconta di quella notte.

Dormiva, quando è tornato a casa il padre. O forse lo stava aspettando, in dormiveglia. Era quasi l'una. Si è alzato, ha camminato in punta di piedi per la casa, si è appiattito dietro la porta del guardaroba e ha sentito il padre e la madre che su un registratore ascoltavano la voce di un uomo che urlava: «Ti ammazzeremo come un cane, ti ammazzeremo come un bastardo».

La nonna non sa nulla di quelle telefonate, ne è atterrita, l'angoscia del bambino le stringe ancora di piú il cuore. La sera il padre, affettuoso, suadente, mette a letto lui Betò: «Non devi aver paura. Quella voce è di un pazzo, ce ne sono tanti a Milano che fanno dei numeri di telefono a caso per spaventare le persone».

Ma Betò ha sentito anche una frase che poteva esser rivolta solo a suo padre avvocato: «Ma no, – si ribella. – Quelle parole erano per te».

Giorgio Ambrosoli gli parla allora come a un adulto, gli confida quella che è una sua convinzione profonda: «Proprio perché sappiamo chi sono, non lo faranno mai, non uccideranno. Sanno che noi pensiamo a loro, sarebbe un delitto firmato. Stai tranquillo, Betò, io morirò vecchiettino nel mio letto di Ronco».

Milano è una città desolata e avvilita. La sera, se si esclude il corso Vittorio Emanuele, la galleria, piccole Manhattan di un universo oscuro, è deserta. Sulle saracinesche di Motta e di Alemagna è affisso un metaforico cartello: «Questo negozio resterà provvisoriamente chiuso per operazioni inventariali».

La città è stretta tra le difficoltà economiche, la perdita di potere politico, il crollo delle certezze degli anni del boom. La grande industria è in crisi, le piccole e piccolissime aziende, invece, vanno a gonfie vele: il lavoro nero, gli arrangiamenti quotidiani, l'occupazione fuorilegge sprizzano salute. L'avanguardia ideologica degli anni '80. L'economia sommersa. La caduta delle regole dello stato sociale.

Sembrano sommerse anche le persone, calcificate, pietrificate, prigioniere di se stesse. I circoli della borghesia intellettuale, vitali negli anni del centro-sinistra e poi negli anni delle bombe, sono sbarrati. La paura è dominante, i piccoli borghesi si iscrivono ai poligoni di tiro frequentati anche dai terroristi, gli industriali e i commercianti si muovono solo con la scorta armata. Il terrorismo è sempre piú sanguinario e gratuito. I piú colpiti, umanamente e politicamente, sono i comunisti. Chi identificava la propria vicenda individuale con il calendario del socialismo e chi amava semplicemente le avventure dei ribelli e chi manifestava solidarietà per i diseredati, si sente espropriato, spogliato, incapace di esprimere le proprie idee e le proprie speranze perché sul mondo offeso pesa la cappa di quegli assassini che rivendicano la rappresentanza degli oppressi.

Il sostituto procuratore della Repubblica Guido Viola, il 23 gennaio 1979, ascolta come testimone Giorgio Ambrosoli. L'avvocato gli racconta delle telefonate ricevute dal picciotto, come lo chiama, che si presenta col nome di Sarcinelli o di Cuccia. Con un linguaggio italo-siciliano-americano, zeppo di insulti e di minacce, gli ha dato strani ordini:

«Tu devi andare in America per fare il documento»; «Tu devi dire di sí, hai capito?»; «Sono tutti d'accordo, anche il grande capo è d'accordo». E ad Ambrosoli che gli ha chiesto: «Ma chi è il grande capo, Michele Sindona?», il picciotto ha risposto: «No, no, il grande capo è Giulio Andreotti».

Sembra una storia grottesca, è invece tragica. Il conto della vita di Giorgio Ambrosoli si accorcia sempre di piú.

Guido Viola lavora con il commissario liquidatore da piú di quattro anni. Era stato pubblico ministero nel processo della Sfi e in quell'occasione, tra un parere e una richiesta di condanna, aveva avuto fugaci contatti con l'avvocato.

L'ha ritrovato nel settembre 1974, quando alla Procura della Repubblica arriva una nota della Banca d'Italia, sede di Milano. L'ispezione fatta alla Banca Privata Italiana ha rivelato gravi illeciti amministrativi. Potrebbero saltar fuori anche dei reati penali. Una cartellina smilza, rubricata nel registro C della Procura della Repubblica. Viola, giovane magistrato napoletano, si è occupato fino allora delle neonate Brigate rosse, del caso Feltrinelli, delle bande neofasciste. Non sa nulla o quasi di reati economico-finanziari, per questo chiede aiuto alla Guardia di finanza. Non può immaginare che quella cartellina con dentro pochi fogli si gonfierà a dismisura, che quel fatto provocherà un'indagine tra le piú difficoltose della storia giudiziaria della Repubblica, creerà polemiche, conflitti, rivelerà crudamente le connessioni tra politica e criminalità.

Darà vita anche a nuovi rapporti con la giustizia americana. Viola legge sui giornali che Sindona ha gravi problemi negli Stati Uniti per la Franklin National Bank, per l'operazione Talcott, per una serie di transazioni. Dai funzionari della Securities and Exchange Commission arrivati a Milano per parlare con Ambrosoli, viene a sapere che alla Procura distrettuale di Manhattan è stata aperta un'inchiesta preliminare su Sindona.

Non esistono, allora, trattati di assistenza giudiziaria tra i due paesi e i trattati di estradizione sono antiquati. Fuori da ogni regola, Viola scrive, in italiano, una lettera al procuratore distrettuale di New York: gli dice che sta indagando sulla vicenda della Banca Privata Italiana e che ritiene utile un incontro per esaminare la possibilità di collaborazione. Dopo un paio di mesi, il procuratore distrettuale risponde. Ai giudici americani interessa soprattutto sapere con quali fondi Sindona ha comprato la Franklin.

I giudici italiani cominciano cosí a collaborare con i giudici americani, anche se tutto è complicato dalle procedure, dalle mentalità diverse, dalle diffidenze. Poi i muri cadono e i rapporti tra la Procura distrettuale di Manhattan e la Procura della Repubblica di Milano diventano fruttuosi sia per il processo di bancarotta sia per la procedura di estradizione.

Al Palazzo di giustizia di Milano è già stata formalizzata in passato un'inchiesta per falso in bilancio, vecchia questione nata da un'ispezione alla Banca Unione. L'inchiesta, condotta dal giudice Ovilio Urbisci, accelera i tempi: nasce cosí il tandem dei magistrati collegato con il commissario liquidatore e con la squadretta della Guardia di finanza.

Giorgio Ambrosoli, diffidente e irritato, all'inizio, per la presenza della Guardia di finanza, che poi troverà preziosa, ha fiducia in Viola e in Urbisci, anche se spesso li accusa di essere dei tiratardi, di allungare all'infinito atti che vorrebbe vedere esauriti in tempi piú stretti.

Dopo Ambrosoli, Viola interroga l'avvocato Guzzi. Il sostituto procuratore scopre subito alcune stravaganze: l'avvocato sta girando per l'Italia con un progetto di sistemazione della Banca Privata Italiana. Il progetto ha autorevoli protettori politici. Persino l'amministratore delegato di Mediobanca Enrico Cuccia – sembra – è stato coinvolto per dare il suo assenso all'operazione. Secondo il

CAPITOLO QUATTORDICESIMO

piano, le banche rinunciano ai loro diritti. A pagar tutto dovrebbe restare, in nome della collettività nazionale, la Banca d'Italia. I problemi da superare sarebbero solo tecnici: lo stato di insolvenza, infatti, è già stato confermato anche dalla Corte di Cassazione e non può essere rimesso in discussione, come non può essere rimessa in discussione la liquidazione coatta amministrativa.

Viola ascolta anche Ciampi e Sarcinelli. Sarcinelli non ha subito minacce. Il sottosegretario Franco Evangelisti l'ha convocato a Palazzo Chigi e gli ha spiegato il progetto di salvataggio a nome del presidente Andreotti. Sarcinelli ha risposto che l'operazione è infattibile. Cuccia ha una gran paura e bisogna interrogarlo a lungo prima che dica qualcosa: sí, gli è stato presentato un progetto; sí, gli è stato chiesto un avallo anche se lui non c'entra nulla; sí, è stato minacciato.

Il sostituto procuratore della Repubblica di Milano Guido Viola va a interrogare anche il presidente del Consiglio a Palazzo Chigi.

Ma che cosa può dirgli Giulio Andreotti? Che è il presidente e che quindi ha il dovere di interessarsi di tutto quanto riguarda l'interesse della nazione. L'avvocato Guzzi è un professionista stimato, gli ha presentato un progetto e lui ha detto semplicemente: «Fatelo vedere ai tecnici, se si può fare si faccia» e l'ha passato a Evangelisti che ne avrà parlato con Sarcinelli.

Il magistrato cerca di dire al presidente che la posizione di Sindona è indifendibile. E l'altro, imperturbabile, gli risponde che il governo si è impegnato e si sta impegnando al massimo per ottenere la sua estradizione.

Gli uomini di Sindona sono preoccupati. L'agenda dell'avvocato Guzzi sembra un concitato bollettino di guerra.

«30 gennaio: Tel. Cuccia.
1° febbraio: Riunione a Lugano con Pier Sandro Magnoni e Silvano Pontello.
3 febbraio: Chiamato Gelli.
8 febbraio: Telefona Michele Sindona - Della Gratton.
17-18 febbraio: New York – colloqui Della Gratton – Colazione occasionale al Pierre con Michele Sindona.
23 febbraio: Riunione con Giulio Andreotti.
27 febbraio: Telefono sig.ra Enea.
1° marzo: Tel. sig.ra Enea.
6 marzo: Riunione con Gelli.
9 marzo: Tre telefonate Michele Sindona.
13 marzo: Memo Giulio Andreotti (n. 7).
14 marzo: Memo Giulio Andreotti (n. 7).
17 marzo: Telefonata Michele Sindona lunedí indictment molto deluso e preoccupato.
19 marzo: Telefonata Michele Sindona - Indictment.
20 marzo: Memo Giulio Andreotti.
21 marzo: Tel. Calvi, Gelli, Urbisci.
22 marzo: Giulio Andreotti (Riunione).
23 marzo: Memo Giulio Andreotti (n. 7)»[2].

È in discussione l'estradizione, ma è in discussione anche l'incriminazione negli Stati Uniti per la questione della Franklin Bank. È un continuo intrigare, un gran patteggiare, tipici della politica mafiosa.

Guzzi ha sempre bisogno di parlare con Andreotti e sommerge di messaggi la signora Enea, segretaria del presidente. Michele Sindona ha messo in piedi una specie di gabinetto di crisi e si è installato nell'ufficio di Della Gratton. Si sprecano le telefonate, gli incontri, i dossier: sono otto i memorandum che solo nei primi quattro mesi del 1979 vengono destinati a Giulio Andreotti. Sindona spara le sue cartucce, avvertimenti e ricatti a scatola chiusa.

---

[2] Commissione P2. Allegati alla relazione cit., p. 956.

CAPITOLO QUATTORDICESIMO

Racconta Guzzi: «Dall'America mi è giunta notizia che gli avvocati americani di Michele Sindona hanno chiesto al procuratore distrettuale un termine perché il loro cliente deve fare importanti rivelazioni che potrebbero compromettere la stabilità democratica dei due paesi. La signorina Della Gratton che si interessa di questa questione appare molto preoccupata e mi dice di riferire con urgenza a Giulio Andreotti perché possa valutare questa situazione. Tutti i memo (...) riguardano questa questione del rischio di compromettere attraverso le dichiarazioni di Sindona la stabilità democratica dei due paesi (...) Io non conosco nulla di quello che Sindona intendesse dire all'A. G. americana né conosco fatti e/o persone alle quali Sindona intendesse riferirsi. Io ho trasmesso a Giulio Andreotti, per una valutazione della questione, tutto quello che mi veniva detto direttamente dalla signorina Della Gratton che fra l'altro era in contatto diretto con Giulio Andreotti perché il presidente del Consiglio che è il depositario dei segreti di Stato valutasse lui il da farsi»[3].

L'eccitazione e il nervosismo crescono. La situazione, nel clan sindoniano, è definita drammatica. A Guzzi viene chiesto di chiedere un intervento su Warren Christopher, sottosegretario agli Esteri americano.

Guzzi ad Andreotti: «Mi duole doverla disturbare... è una sollecitazione che mi viene chiesta dal cliente e dalla signorina Della Gratton».

Andreotti a Guzzi: «Le istruzioni sono state date da giorni, torno a sollecitare direttamente con la dovuta riservatezza»[4].

Andreotti nel suo diario, 19 marzo 1979: «Ho visto, in-

---

[3] Commissione P2. Allegati alla relazione cit., p. 871.
[4] *Ibid.*, p. 872.

viato da Carter, il vicesegretario di stato americano Warren Christopher. Riferisce gli sforzi personali del presidente per convincere Egitto e Israele all'accordo. Christopher ha visitato anche Amman e Ryad e ci comunica le reazioni. In relazione alla mia idea di un incontro Carter-Breznev, l'inviato di Carter mi dice che la conclusione del negoziato Salt 2 è ormai molto vicina; e in quell'occasione i due Capi parleranno di tutti i problemi piú caldi»[5].

È possibile che Andreotti abbia parlato di Sindona sullo sfondo dei problemi mondiali, sapendo poi – lui cosí empirico – che Warren Christopher ha fama di politico legalitario?

Ancora Guzzi: «Con riferimento al precedente memorandum devo ritenere che l'on. Andreotti sia intervenuto presso il Dipartimento di Stato»[6].

Non servono gli incontri, le riunioni, i piani, i programmi, i rinvii, le minacce, i ricatti, le raccomandazioni, le mediazioni: il 20 marzo, Michele Sindona viene incriminato dalla magistratura americana per la bancarotta della Franklin National Bank[7].

Delle rivelazioni di Sindona «capaci di compromettere la stabilità democratica dei due paesi» non si ha piú notizia.

[5] Giulio Andreotti, *Diari 1976.1979*, Rizzoli, Milano 1981.
[6] Commissione P2. Allegati alla relazione, p. 873.
[7] Per la bancarotta della Franklin National Bank, Michele Sindona, il 23 marzo 1980, è stato condannato a 25 anni di carcere dalla giustizia americana. In Italia, Sindona è stato condannato dal Tribunale di Milano, il 15 marzo 1985 a 15 anni di reclusione per la bancarotta della Banca Privata Italiana. In un giudizio celebrato precedentemente, sempre dal Tribunale di Milano, Pier Sandro Magnoni è stato condannato a 8 anni e mezzo, Carlo Bordoni a 12 anni, Luigi Clerici di Cavenago a 7 anni, Luigi Mennini a 7 anni. In appello, il 28 marzo 1989, le pene sono state sensibilmente ridotte: Bordoni è stato condannato a 8 anni di reclusione di cui 4 condonati, Magnoni a 4 anni e 2 mesi, Luigi Clerici di Cavenago a 4 anni, Luigi Mennini a 4 anni. Il 26 giugno 1990, la Corte di Cassazione ha confermato la sentenza. Nell'ottobre 1989, il reato di bancarotta fraudolenta della Banca Privata Italiana è caduto in prescrizione. La maggior parte degli imputati non ha scontato la pena o ne ha scontato una minima parte.

CAPITOLO QUATTORDICESIMO 201

Il 22 marzo, Giulio Andreotti incontra l'avvocato Guzzi. Mostra meraviglia per l'incriminazione di Sindona, ma non sembra troppo preoccupato. La storia scivola, nulla è mai compromesso o perduto. Sorridente, plurivalente, mediatore nato tra gli uguali e gli opposti, tra l'Italia ufficiale e il paese ai margini del legale, topo furbo, animale senza spine, senza ossa, senza muscoli, senza principî, usa l'intelligenza nell'appianare, nell'assorbire, nell'ammorbidire, nello smussare, nel cancellare, seguendo gli echi e le tentazioni della sua vecchia cultura di suddito delle Legazioni, di uomo che ha frequentato fin da bambino le stanze violacee del Vaticano.

«Quanto sia laudabile in uno principe mantenere la fede, e vivere con integrità e non con astuzia, ciascuno lo intende: non di manco si vede per esperienza ne' nostri tempi, quelli principi avere fatto gran cose che della fede hanno tenuto poco conto, e che hanno saputo con l'astuzia aggirare e' cervelli delli uomini: et alla fine hanno superato quelli che si sono fondati in sulla lealtà»[8].

Il governo della solidarietà nazionale è in crisi. È finita una fase politica, ne comincia un'altra. Andreotti sta formando un ministero che preparerà le elezioni anticipate. Il terrorismo seguita a insanguinare il paese. Il clima è tor-

---

[8] Niccolò Machiavelli, *Il Principe*, Einaudi, Torino 1962. Giulio Andreotti nega di avere usato astuzie nel caso Sindona. Davanti alla Commissione d'inchiesta, l'11 novembre 1981, ha sostenuto la necessità, in quanto presidente del Consiglio, di interessarsi della questione, per la sua obiettiva importanza e anche per sfatare la tesi sindoniana di una cospirazione ai suoi danni. Andreotti ha minimizzato però questo suo interesse: ha sostenuto di aver parlato con l'avvocato Guzzi alcune volte e ha escluso di aver letto tutti i memoriali a lui inviati. Ha dichiarato anche di aver conosciuto Sindona nel 1960 e di averlo incontrato a New York solo nel 1973 in occasione del pranzo pubblico all'Hotel Saint Regis. Ha escluso di avere incontrato Sindona negli Stati Uniti nel 1976 e nel 1977 come ha sostenuto l'Fbi e come dichiarò in una testimonianza – giuridicamente inutilizzabile – Della Gratton. Dei rapporti con Sindona e del ruolo di Andreotti trattano tutte le relazioni della Commissione parlamentare d'inchiesta.

bido. Il 20 marzo viene assassinato a Roma Mino Pecorelli, direttore dell'Agenzia «OP», specialista in scandali, depistaggi, ricatti, in combutta coi servizi segreti.

Il 24 marzo 1979, Andreotti nota sul suo diario: «Alle 9 notizia di un malessere grave di La Malfa, trasportato d'urgenza a Villa Margherita. Vi trovo già Pertini. È stato colpito da emorragia cerebrale diffusa e i medici dicono che è inoperabile e senza speranze.

«Ieri sera aveva lavorato fino a tardi e mi ha dato appunti per il discorso. In queste settimane si era impegnato a fondo e veramente muore sul campo.

«A turbare ancor piú la giornata viene in clinica Baffi a dire che Sarcinelli è stato arrestato e lui stesso ha ricevuto un mandato di comparizione per la Vigilanza sui crediti alle grandi imprese»[9].

Ugo La Malfa muore due giorni dopo. Si ha la sensazione di un crepuscolo doloroso di cui non si conoscono o si conoscono solo in parte i fatti e i retroscena. La morte di La Malfa, scomparso nel momento piú alto della sua delusione, sembra quasi la metafora di una resa di conti che sfugge alla ragione. Insieme con quella morte arrivano pressanti le notizie di un'Italia all'avventura: l'assassinio di Mino Pecorelli e l'incriminazione e l'arresto dei massimi dirigenti della Banca d'Italia, un'isola rimasta pulita in una società devastata.

«Sono talmente indignato che ho perso qualsiasi interesse per l'economia italiana», commenta un illustre economista, Franco Modigliani.

E Giuseppe Fiori, nel suo editoriale domenicale al Tg2, dice che non «è questione tecnica, o soltanto tecnica. Quest'offensiva contro la Banca d'Italia (quale che sia il grado di coscienza dei singoli che vi partecipano) rischia

[9] Andreotti, *Diari 1976.1979* cit.

CAPITOLO QUATTORDICESIMO

di produrre insicurezza, fenditure profonde nel sistema economico del paese piú di quanto non vi siano riusciti le bombe, il terrorismo ad alta perfezione tecnico-militare, la violenza diffusa, minuta»[10].

Il paese è in una palude di manovre, di vendette, di ricatti di cui sono protagonisti giudici, imprenditori corrotti, uomini dei servizi segreti e di altri apparati dello Stato che giocano senza scrupoli sulla pelle della Repubblica.

Scrive Giorgio Ambrosoli sulla sua agenda. 26 marzo 1979: «Muore La Malfa. Invio a Governatore un telex per solidarietà con lui e Sarcinelli e mi dichiaro pronto a rassegnare il mandato».

28 marzo 1979: «Si parla di Milazzo e Stammati alla Banca d'Italia».

31 marzo 1979: «Sarcinelli sempre in carcere. Pare vogliano revocare Baffi da governatore».

6 aprile 1979: «Sarcinelli libero da ieri sera, ma sospeso. Barone dice che il rifiuto a Michele Sindona è stato la goccia che ha fatto traboccare il vaso».

15 aprile 1979: «Pezzo durissimo di Massimo Riva su Andreotti. Chiede convocazione straordinaria Camera per Baffi».

Proprio Massimo Riva, senatore della Sinistra Indipendente e giornalista, ha presentato e pubblicato nel febbraio 1990 il diario postumo di Paolo Baffi: quattro anni – dal 1978 al 1981 – della sua vita e del suo lavoro di governatore della Banca d'Italia[11].

«Purtroppo – scrisse Baffi nella lettera a Riva che accompagna il testo – come la classe politica (e i potentati a essa legati nello scambio di favori) ha dovuto accorgersi di

[10] Giuseppe Fiori, *Parole in Tv*, Mondadori, Milano 1979.
[11] Paolo Baffi, in «Panorama» cit.

me, io ho dovuto accorgermi della potenza del complesso politico-affaristico-giudiziario che mi ha battuto».

Il racconto dell'ingiustizia subita e dei modi offensivi e volgari in cui sono stati condotti l'arresto e gli interrogatori, il ritorno continuo e ossessivo, con gli stessi ruoli e con le stesse certezze di impunità dei personaggi della politica e del mondo affaristico e finanziario che hanno inquinato gli anni '70 e anche il decennio successivo, rendono amaro il documento.

Nell'affare Baffi-Sarcinelli c'è una sostanziale ripetitività e specularità con l'affare Ambrosoli, piú bruciante, piú tragico. I giornali che attaccano il governatore e il suo modo indipendente di guidare la Banca d'Italia sono gli stessi che hanno avallato Michele Sindona nelle sue avventure, disavventure e nel tentativo di salvataggio: «Il Fiorino», «Il Borghese», «Il Secolo d'Italia», l'Agenzia «Aipe» e l'Agenzia «OP» di Mino Pecorelli.

Anche il gioco delle parti è lo stesso, uguali o simili i personaggi, Andreotti, Evangelisti, Stammati, gli uomini del Banco di Roma, la Società Generale Immobiliare, i palazzinari romani, i giornalisti della P2, con in piú i magistrati della Procura della Repubblica e dell'ufficio istruzione di Roma, Luciano Infelisi, Achille Gallucci, Antonio Alibrandi.

Baffi e Sarcinelli vengono accusati di interesse privato in atti d'ufficio e di favoreggiamento personale. Pretesto o trappola, per l'attacco al gruppo dirigente della Banca d'Italia, sono i finanziamenti ottenuti dalla Sir, il gruppo chimico di Nino Rovelli, tramite l'Imi e il Credito industriale sardo.

«Ci tengono molto – scrive nel diario il governatore – che vada in porto la sistemazione dei debiti dei fratelli Caltagirone», finanziatori della corrente di Giulio Andreotti. Ma non è certo indifferente agli umori dell'attac-

CAPITOLO QUATTORDICESIMO

co la posizione ferma di Sarcinelli nei confronti della richiesta di salvataggio della Banca Privata Italiana fatta da Evangelisti a nome di Andreotti, oltre che da Stammati e da Guzzi, e una sorta di rivalsa, di vendetta, per l'ispezione ordinata al Banco Ambrosiano dalla Vigilanza della Banca d'Italia durata dal 17 aprile al 17 settembre 1978.

28 marzo 1979: «Primo interrogatorio a Palazzo di Giustizia da parte di Alibrandi e Infelisi; ero assistito da Vassalli. L'interrogatorio è stato violento, ostile; l'Alibrandi ha anche urlato, tanto che lo sentivano nel corridoio. Ho avuto repliche piuttosto energiche; ma all'uscita ero scosso come forse non può non essere l'imputato anche innocente. Quei fotografi all'ingresso; quelle forche caudine della porta con la grande scritta «Tribunale penale»; quella pretesa che uno debba tutto ordinatamente ricordare e riferire mentre viene sottoposto a un trattamento da shock. La notte non ho chiuso occhio anche per il senso dell'ingiustizia subita. Questa doveva essere la fine di 43 anni di lavoro prestati con piena dedizione e col sacrificio di ogni altro diletto, affetto, interesse?»[12]. (...)

4 aprile 1979: «Su consiglio di Guarino e di Vassalli, ho firmato la sospensione obbligatoria per Sarcinelli in applicazione della delibera adottata dal Consiglio superiore il 29. Gli avvocati giudicano che mancando la sospensione non verrebbe concessa la libertà provvisoria. Io stesso verrei nuovamente incriminato per omissione di atti d'ufficio e sospeso dalla carica ex articolo 140 codice penale.

«La firma della lettera di sospensione a Sarcinelli è l'atto più avvilente al quale sia stato chiamato nella mia vita. La mortificazione mi viene inflitta con l'incriminazione e con questo atto che impone l'abbandono della carica: non

[12] Paolo Baffi cit.

posso continuare a identificarmi col sistema delle istituzioni che mi colpisce, o consente che mi si colpisca in questo modo.

«Inoltre sono paralizzato nell'esercizio delle mie funzioni: come potrei discutere di industria chimica al Cicr [Comitato interministeriale per il credito e il risparmio] o inviare rapporti al giudice penale su ipotesi di reati simili a quelli di cui sono imputato?»

31 maggio 1979, stralcio della relazione del governatore della Banca d'Italia: «Ai detrattori della Banca, auguro che nel morso della coscienza trovino riscatto dal male che hanno compiuto alimentando una campagna di stampa intessuta di argomenti falsi o tendenziosi e mossa da qualche oscuro disegno (...).

«Queste parole piuttosto pacate – commenta Baffi – non dànno certo la misura dell'amarezza e dello sdegno che io provavo in quei giorni: ma se vi avessi dato sfogo, forse mi sarei procurato nuove incriminazioni; né volevo consultarmi con avvocati perché la decisione doveva essere tutta mia e il segreto assoluto»[13]. (...)

Il presidente del Consiglio vuole apparire neutro, quasi anglosassone. Il 2 aprile scrive sul suo diario: «Per reagire contro l'arresto di Sarcinelli e l'avviso a Baffi un gruppo di professori firma una dichiarazione-manifesto. Temo che non giovi a trovare una rapida via d'uscita»[14].

Hanno firmato la dichiarazione-manifesto uomini e donne, di ogni parte politica, della piú autorevole cultura economica: Federico Caffè, Nino Andreatta, Luigi Spaventa, Claudio Napoleoni, Paolo Savona, Ada Becchi Collidà, Siro Lombardini, Mario Monti, Luciano Cafagna, Ezio Tarantelli, Franco Reviglio e altri.

[13] Paolo Baffi cit.
[14] Giulio Andreotti, *Diari 1976-1979* cit.

CAPITOLO QUATTORDICESIMO

Arturo Carlo Jemolo scrive un duro e appassionato articolo pubblicato sulla prima pagina della «Stampa» – «Eccessivo potere di un giudice»[15] – e Baffi ne è profondamente commosso. Nel carteggio tra Jemolo e Baffi[16] si ritrova la lancinante delusione del governatore cosciente di aver servito lo Stato con dedizione. Una lettera di Jemolo deve averlo allora ripagato, se le parole possono servire a lenire l'ingiustizia subita in quell'«oscuro disegno».

> Mi commuove il Suo biglietto in data di oggi, cosí benevolo per me, fino a qualificarmi di alta autorità morale (e credo di essere tanto poco conosciuto), mentre sono ancora scosso dal leggere le dichiarazioni che hanno accompagnato la Sua relazione.
> Comprendo benissimo che siamo già entrati in una situazione di sfacelo in cui non si dà piú separazione di poteri e di competenze, e il Governatore dell'Istituto di emissione è tra l'incudine e il martello, la prepotenza dei politici, e quella dei magistrati, che si considerano ormai organo sovrano con poteri illimitati.
> Credo che conosca il mio pessimismo circa le sorti dell'Italia e le illusioni di chi crede in una solidarietà europea; tuttavia anche il rallentare la caduta, la discesa verso il baratro, è opera di amor patrio (per quanto pochi, ormai, questa parola dice ancora qualcosa?), ed è uno di quei sacrifici tanto piú grandi, in quanto non è la massa del popolo a comprenderli e rendersene conto. (...)
> Il Suo allontanamento non può quindi essere che un pregiudizio non lieve per il Paese.
> Le scrivo con un particolare acuirsi del peso che ho sul cuore nel vedere l'Italia d'oggi, io che ho visto e ancora servito, sia pure in posizioni modeste, quella dell'inizio del secolo; ma posso solo dirLe come italiano: si sacrifichi finché può; e so che è una esortazione-preghiera che non sono degno di fare perché ignoro la mia capacità di sacrificio, essendo state ben insignificante cosa le scelte e rinunce che in anni lontani ebbi a fare.
> Creda nella mia sincera ammirazione e nella mia sconfinata stima e mi abbia
>
> Suo dev. e se permette aff. Arturo Carlo Jemolo[17]

---

[15] Arturo Carlo Jemolo, in «La Stampa», 26 aprile 1979.
[16] Paolo Baffi e Arturo Carlo Jemolo, in «Nuova Antologia», luglio-settembre 1990.
[17] La lettera è del 1° giugno 1979.

Lo stile e il linguaggio di Giulio Andreotti sono meno risorgimentali. Nell'elogio funebre scritto dopo la morte di Baffi e prima della pubblicazione del diario del governatore, l'uomo politico ricorda quei giorni difficili:

> (...) Presiedendo il governo, dovetti intervenire per sottolineare che la Banca d'Italia ha un ruolo cosí superiore e atipico che dovrebbe conseguirne una salvaguardia particolare persino nelle procedure penali. E potei farlo con una certa efficacia proprio perché – pur prendendomi da alcuni male parole e incomprensioni – non mi misi a polemizzare in pubblico, come altri fecero, dando addosso al giudice. (...)
>
> I legionari della zizzania non persero tuttavia – né perdono – l'occasione per insinuare chi sa quali retroscena politici per lo svolgersi di quella penosa congiuntura. Non era certo l'opinione di Paolo Baffi, con il quale ho avuto in seguito rapporti piú amichevoli di prima. Tra l'altro dalla operosa quiete di Fregene scriveva lettere molto belle e articolate, con consigli preziosi e sensi di grande cordialità.
>
> Ai suoi figli, ancora in giovane età e di cui parlava con tanto affetto, va la solidarietà piú piena. Fieri, come devono essere, della stupenda figura del padre[18].

Il governatore Baffi, dolente figura di uomo di Stato ancorato ai principî della corretta amministrazione, non rimarginò mai piú quella sua ferita[19].

---

[18] Giulio Andreotti, in «Europeo», 25 agosto 1989.
[19] Paolo Baffi è morto il 4 agosto 1989. La vicenda in cui furono coinvolti Baffi e Sarcinelli ebbe fine l'11 giugno 1981 con una sentenza di proscioglimento del giudice istruttore Antonio Alibrandi per tutti gli imputati.

Capitolo quindicesimo

Il 10 e l'11 aprile 1979, l'amministratore delegato di Mediobanca, Enrico Cuccia, incontra Michele Sindona all'Hotel Regency di New York. In quell'occasione, Sindona dice a Cuccia che avrebbe fatto scomparire Ambrosoli. Che non ne sarebbe rimasta traccia. Cuccia sta zitto, non fa denunce, non dice nulla a nessuno, tace anche con il commissario liquidatore.

«Non ho voluto parlare perché ho sempre pensato che in questa materia il silenzio è ancora la difesa migliore; non mettere in movimento apparati che poi risultano tutt'altro che efficienti. Sono della convinzione che meno gente si occupa del problema e maggiori possibilità hai di cavartela. Per questo non ho parlato. Per quanto riguarda la minaccia al compianto Ambrosoli, devo dire che non l'ho fatto perché non avevo il modo, avrei avuto una denunzia per calunnia, e sarebbe stata la sola cosa che avrei potuto avere. Le minacce, Ambrosoli le riceveva direttamente dai picciotti che gli telefonavano»[1].

È una sinistra avventura quella che lega Enrico Cuccia a Michele Sindona. In cui Cuccia assomiglia a un sequestrato che per salvare la vita si assoggetta a un'infinita catena di azioni, riunioni, viaggi, incontri. Gli viene chiesto di esercitare la sua influenza, riceve ordini mascherati con le blandizie dell'ossequio, subisce ricatti che dovrebbero

[1] Enrico Cuccia, Testimonianza davanti alla Corte d'Assise di Milano, 3 ottobre 1985.

servirgli da sprone. Gli bruciano due volte la porta di casa e per anni sono infinite le telefonate che devastano le sue notti.

La sua è una battaglia isolata, desolata, primitiva, in cui sa usare con pazienza l'arma bianca dell'intelligenza e dell'astuzia. Una partita a scacchi senza il senso dello Stato, lui banchiere sommo dello Stato. («Se facevo la denuncia che difesa maggiore ne avrei avuto?») Resiste, non sgarra. Studia, ristudia o finge di studiare i progetti di salvataggio della banca di Sindona che devono fargli orrore, dà consigli che consigli non sono, non coinvolge nessuno dei potenti che conosce, riesce a ingabbiare in una impossibile terra di nessuno avvocati e killer, consiglieri, mafiosi e faccendieri che si dividono le parti in nome del padre che sta all'Hotel Pierre. Sfugge come un'anguilla, «la sirena dei mari freddi», si salva poi semplicemente perché quando, nel 1980, è arrivata l'ora della sua morte, cambia casa.

È un don Abbondio: «Per amore del cielo! non fate pettegolezzi, non fate pettegolezzi, non fate schiamazzi: ne va... ne va la vita!»

È un dissimulatore, un attore, un personaggio da romanzo. È un burattino coscienzioso, parte, viaggia, trotta, ubbidisce, va dove gli dicono di andare, parla con chi vogliono che parli, ma guadagna sempre tempo, non fa nulla di disdicevole. Con la macchia di quel terribile silenzio.

Enrico Cuccia conosce Michele Sindona alla fine degli anni '50. Glielo fa conoscere Franco Marinotti, presidente della Snia Viscosa. Non è ancora l'uomo del grande prestigio, ma ha autorità, acutezza. Non sono passati molti anni da quel 23 gennaio 1946 quando il Consiglio d'amministrazione della Banca Commerciale presieduto dall'avvocato Camillo Giussani delibera, dopo aver sentito le comunicazioni dell'amministratore delegato Raffaele Mattioli, di partecipare alla «costituzione di una Società per azioni che avrà sede in Milano, capitale non inferiore a un miliardo di lire e per oggetto l'esercizio del credito finanziario a medio termine e si denominerà "Unione Bancaria per il credito finanziario"». La famosa Mediobanca, quella che diventerà la piú importante investment bank italiana. Cuccia, direttore centrale della Banca Commerciale, viene nominato allora direttore generale.

Nato a Roma nel 1907, di famiglia siciliana, ha sposato Idea Nuova Beneduce, figlia di Alberto, il fondatore dell'Iri. Ha lavorato alla Banca d'Italia, all'Iri, agli Scambi e valute, prima di approdare alla Banca Commerciale. Ha compiuto delicate missioni all'estero, dall'Etiopia, ai tempi del maresciallo Graziani, a Lisbona, agli Stati Uniti durante la seconda guerra mondiale. Fin dalle origini è stato vicino al movimento di «Giustizia e libertà» che nel 1942 darà vita al Partito d'azione[2].

Non è ancora l'eminenza grigia degli anni seguenti, ma ne ha già allora le stimmate, le capziosità intellettuali, il senso esasperato della riservatezza e del mistero che si consuma nelle ovattate stanze di via Filodrammatici, tra i tappeti rossi, i legni caldi, i tavoli sgombri delle decisioni raffinate.

È un modello, per Michele Sindona, quell'anomalo personaggio cosí diverso da quello che lui è e cosí lontano dalla sua estroversione dissennata. Fin da quando Sindona arriva a Milano e comincia a farsi conoscere, avvocato fiscalista con lo studio in via Turati 29, quel giovane «biondo carino e paffutello», secondo il ritrattino di Giovanni Malagodi, è forse l'uomo che vorrebbe segretamente essere. E ancora di piú, vorrebbe essere, avanti negli an-

[2] Sandro Gerbi, in «La Stampa», 6 maggio e 2 novembre 1990.

ni, quel vecchio solitario, ombroso, tenebroso, dalla palandrana blu e dal cappelluccio con la tesa di sghimbescio sulla fronte.

«Mediobanca concluse con Sindona soltanto due operazioni di credito ipotecario che furono regolarmente rimborsate. Ebbi occasione di presentare Sindona al gruppo belga Sofina il quale acquistò da lui una società di ingegneria petrolifera, Ctip; nacque una contestazione fra venditore e compratore in quanto il bilancio della Ctip, firmato e garantito da Sindona, non risultò a detta della Sofina, veritiero. A seguito di questo episodio interruppi i rapporti con Michele Sindona, circa alla metà degli anni '60»[3].

Nel 1973 Sindona comincia a parlare di un complotto della finanza laica ai suoi danni. Accusa Cuccia: è convinto che sia stato lui a pesare sulla decisione del ministro del Tesoro Ugo La Malfa di negare l'aumento di capitale della Finambro al quale affida tutte le sue speranze di resurrezione.

Si accumula così in Sindona un doppio sentimento (o risentimento): ostilità e necessità, vendetta, riparazione, volontà di punire.

L'obiettivo di Sindona è privo di mascherature: Cuccia deve usare, questa volta a suo favore, tutta la sua influenza nei confronti di La Malfa, di cui è amico da sempre, ma anche nei confronti della Banca d'Italia, della Banca Commerciale, del Credito Italiano. Garante sindoniano *in partibus infidelium*.

Cuccia diventa così il capro espiatorio, il *deux ex machina*, l'uomo che tutto può muovere con il suo prestigio e con la sua autorevolezza. Per Sindona incarna l'idea di un potere assoluto.

«"Ma voi chiedete la luna, fare revocare il mandato di

[3] Enrico Cuccia, Testimonianza davanti al giudice istruttore di Milano, 8 giugno 1983.

CAPITOLO QUINDICESIMO

cattura, fare cessare lo stato di insolvenza". Tutta roba che non stava né in cielo né in terra: "ma voi mi chiedete la luna, non ha senso di chiedere queste cose". Poi mi venne chiesto se potevo trovare un acquirente per la Finambro. Devo far presente che tutte le volte che mi sono stati fatti riferimenti a difficoltà finanziarie di Sindona o altre cose, quando mi fu detto di trovare un acquirente per la Finambro, dissi: "devo trovare l'acquirente per una scatola vuota piena di debiti e di cause, non esiste al mondo una persona che se la compri, che discorsi sono?" e il discorso rimase lí, dopo di che con Magnoni non ci siamo piú visti»[4].

Dalla primavera del 1977, Enrico Cuccia diventa il bersaglio di una campagna intimidatoria. I telefonisti si annunciano a Cuccia col nome di Ambrosoli. L'avvocato Guzzi e Sindona parlano di lui al telefono con un nome in codice, Ermanno.

Ermanno subisce. Da un avvocato che fa da messaggero sa di un progetto per sequestrare uno dei suoi figli. Sua figlia viene pedinata. Il portone e la sua porta di casa vengono incendiati. Telefonate che arrivano come da un lontano sottosuolo rivendicano la paternità delle minacce al «signore di New York».

Cuccia, l'onnipotente eminenza grigia della finanza italiana, prigioniero dei voleri di Sindona. Il 7 luglio 1977 è costretto a partire per Londra dove incontra Pier Sandro Magnoni. Il 15 ottobre è costretto a partire per Zurigo dove incontra ancora Magnoni. Di nuovo, l'1 dicembre 1977 è costretto a partire per Zurigo. E ancora una volta è costretto a partire per Zurigo il 18 ottobre 1978. C'è anche Guzzi, con Magnoni, ed è quella la volta che deve ascoltare la lettura della sua condanna a morte.

[4] Enrico Cuccia, Testimonianza davanti alla Corte d'Assise di Milano, 3 ottobre 1985.

Tutto è condito di assillanti telefonate, incontri, riunioni, patteggiamenti. Basta scorrere l'agenda dell'avvocato Guzzi, dal febbraio 1978 all'aprile 1980.

23 marzo 1978: «Riunione con Cuccia presso Mediobanca: approccio durissimo – si entra nel merito – si ribadisce: a) non mi espongo; b) collaboro se munito di documenti; c) grosse difficoltà – durata due ore; il ghiaccio è rotto – Federici deve correre con me»[5].

È un continuo rimbalzare del nome Cuccia: riunione con Cuccia, colloquio telefonico con Cuccia, riunione con Cuccia, riunione con Cuccia, riunione con Cuccia. Per anni, un giorno dopo l'altro, una settimana dopo l'altra, riunioni, riunioni, riunioni. Che cosa riesce a dire Enrico Cuccia, che cosa riesce a promettere, a concedere, a fare, a non fare, di fronte all'azione sincronizzata legale e illegale dei suoi persecutori, che cosa borbotta davanti a quei pasticciati programmi di salvataggio privi della piú elementare cultura economica, dove anche l'ammortamento delle perdite è considerato un profitto?

Cuccia tiene le posizioni, tiene i nervi fermi, ascolta, corregge, media, medita, attutisce, smussa, non rompe mai i fili: «Ritenevo che tenendo aperto un discorso con questa gente avrei potuto, non dico controllare, ma mantenere un contatto con le persone che svolgevano attività criminosa. In altri termini io ho sempre cercato di evitare che queste minacce potessero essere messe in opera senza preavviso nei confronti dei miei figli e proprio perché esistevano queste minacce e io volevo evitare danni ai miei figli ho mantenuto contatti con l'ambiente di Michele Sindona (...) Ribadisco che esiste un rapporto eziologico di causa-effetto tra le minacce che io ho subito nel corso del

---

[5] Commissione P2. Allegati alla relazione cit., p. 949.

CAPITOLO QUINDICESIMO

tempo e le mie conversazioni con Sindona e i suoi amici, parenti e affini »[6].

Enrico Cuccia tiene anche dei verbalini dove fa il resoconto di quel che viene detto durante le riunioni piú importanti con gli uomini del clan Sindona.

22 novembre 1978: «L'avv. Guzzi mi riassume i contatti telefonici che ha avuto con Sindona dopo il nostro precedente incontro. Sindona lo aveva sollecitato affinché Evangelisti prendesse contatti con me: l'avv. Guzzi, per calmare le irrequietezze del Sindona, gli aveva detto di un suo colloquio interlocutorio con me (che naturalmente non è mai avvenuto) e il giorno 15 gli aveva fatto sapere che si riservava di contattarmi il sabato 18.

«Durante questo periodo, il Sindona avrebbe avuto un contatto telefonico diretto con Andreotti ed è previsto un incontro tra l'avv. Guzzi e Andreotti per il giorno 4 dicembre. Dopo la mia comunicazione a Guzzi della nuova iniziativa minatoria da parte di Sindona, Guzzi ha parlato con Pier Sandro Magnoni e per due giorni si è rifiutato di parlare con Sindona, che l'ha raggiunto telefonicamente soltanto domenica mattina alle h. 5. La tesi di Sindona è che l'iniziativa minatoria non parte da lui, ma dall'ambiente italo-americano di New York.

«Dico all'avv. Guzzi che egli mi ha portato la prova che l'iniziativa viene da Sindona, in quanto, come è già accaduto la volta precedente, l'iniziativa minatoria del Sindona ha avuto luogo nella notte tra il giovedí e il venerdí, ossia il giorno dopo che Sindona aveva saputo (ciò che io non sapevo) del proposito dell'avv. Guzzi di prendere contatto con me il sabato mattina.

«L'avv. Guzzi mi dice che Sindona – il quale è in una

---

[6] Enrico Cuccia, Testimonianza davanti al giudice istruttore di Milano, 3 novembre 1981, p. 35.

situazione particolarmente tesa per l'andamento delle procedure giudiziarie in America, tutte a lui sfavorevoli – ha chiesto all'avv. Guzzi di organizzare un incontro con me a New York, presente naturalmente lo stesso avv. Guzzi.

«Dico all'avv. Guzzi che non riesco a capire che utilità può avere questo incontro. Il Sindona può desiderare di rileggermi questo *cahier de doléances* che l'avv. Guzzi e io avevamo letto a Zurigo e io non ho nessuna voglia di riascoltare questo *cahier de doléances* o di recitare il mio per tutte queste iniziative facinorose che il Sindona ha assunto contro di me.

«A un certo punto l'avv. Guzzi si lascia sfuggire che il Sindona voleva studiare con me il modo di contrastare eventuali iniziative criminali nei riguardi miei o di membri della mia famiglia. Dico all'avv. Guzzi che con questa nuova comunicazione egli si è reso tramite di una nuova minaccia del Sindona nei miei riguardi.

Ciò costituisce una ragione di piú per non andare a vederlo»[7]. (...)

Il gioco del ricatto è diventato ormai scoperto.

Nel marzo 1979, l'amministratore delegato di Mediobanca riceve una telefonata di Pier Sandro Magnoni: gli comunica che ha un messaggio molto importante per lui. E Cuccia, il 22 marzo, parte ancora una volta per Zurigo, ascolta Magnoni, prende nota: «La situazione di Sindona è diventata particolarmente grave; nei giorni scorsi ha avuto una riunione con l'avvocato che tiene i rapporti con la mafia italo-americana il quale gli ha detto che Sindona è da considerare un uomo morto; e di conseguenza anche Cuccia e i suoi familiari dovranno essere uccisi.

---

[7] Enrico Cuccia, in Turone, Sentenza-ordinanza cit., p. 46.

CAPITOLO QUINDICESIMO

«Dico a Magnoni la mia indignazione che egli abbia potuto rendersi messaggero di un tale avviso mafioso divenendone complice. Magnoni si giustifica dicendo che ha ritenuto suo dovere mettermi in guardia in quanto la cosa non riguardava solo me, ma anche i miei familiari. Gli dico che restavo della mia opinione, tanto piú in quanto ci troviamo di fronte a un matto, con il quale non c'è nessuna possibilità di avere un colloquio (...) ... a proposito dei rapporti di Sindona con gli ambienti mafiosi, il Magnoni aggiunge che in pochi giorni la mafia americana ha raccolto 500 000 dollari, che ha messo a disposizione di Sindona per fornire la cauzione.

«Alla fine della conversazione, Magnoni riprende l'argomento del mio incontro con Sindona. Rispondo che il signor Sindona può togliersi dalla mente che io vada a vederlo sotto la spinta di messaggi mafiosi»[8].

Cuccia va a vederlo. Organizza l'incontro come un vertice presidenziale, chiede garanzie, chiede che sia Sindona a telefonargli l'invito, pone condizioni, ribadisce i punti che gli premono.

Parte per New York, ascolta quelle minacce per sé e per la vita di Giorgio Ambrosoli, torna, sta zitto, non fa saper nulla ad Ambrosoli neppure attraverso il nipote del suo vecchio amico Adolfo Tino, che ha lo studio d'avvocato nel cortile di Mediobanca. Rifiuta, cancella, rigetta l'esistenza dello Stato, delle istituzioni, della legge scritta, dei giudici, dei carabinieri, rifiuta anche la legge naturale, la coscienza civile, la solidarietà umana.

«La morte non ti riguardava», l'atroce morte degli altri? Anche quando si tratta dell'uomo che ancora per po-

[8] *Ibid.*, p. 48.

co lavora nello stesso quartiere, nello stesso isolato, quasi nella porta accanto?

Non aveva il modo, non aveva il modo...'.

[9] Enrico Cuccia rivela ai giudici le minacce di Sindona ad Ambrosoli l'1 dicembre 1980.

Capitolo sedicesimo

In maggio Giorgio Ambrosoli smette di scrivere il suo diario-agenda. L'ultima nota è del giorno 12: «Malpensa – parte Pier Luigi per Usa». Non si sa e non si capisce perché da allora le pagine restano bianche. Per stanchezza, per noia, perché la speranza è caduta? Perché il lavoro si sta esaurendo, perché le giornate sono dedicate soprattutto a preparare la rogatoria dei giudici americani che arriveranno a Milano nella prima estate? Oppure il rifiuto, l'assenza sono un segno della sconfitta e il silenzio un inconscio preannuncio che l'avventura è finita?

A Milano, d'improvviso, la gente ha ricominciato a uscire di casa. Basta la notizia di una qualsiasi manifestazione, di un convegno, di un corso di lezioni, basta una riunione o una festa perché tutti accorrano e sono sempre gli stessi degli anni del boom, degli anni della contestazione, degli anni delle bombe, passati attraverso tanti travestimenti fisici e ideologici. Sessantamila giovani affollano l'Arena per il concerto pop, rock, jazz in onore del musicista Demetrio Stratos morto di leucemia. A un concerto diretto da Claudio Abbado al Palazzo dello Sport sono presenti 35 mila persone.

La situazione economica appare piú serena, c'è un'espansione del credito e degli investimenti, la disoccupazione sta calando, arrivano ogni giorno algerini, eritrei, somali per fare i lavori umili e pesanti rifiutati dai giovani nostrani. La nuova parola d'ordine di chi ha responsabilità politiche ed economiche è, come negli anni '50, positività. Qualcuno già scrive che è arrivata l'ora del sentimento.

Non è finito il terrorismo, non è finita la crisi. Il caso 7 aprile, aperto a Padova dal giudice Pietro Calogero, ha creato lacerazioni e conflitti. L'inverno sarà di nuovo plumbeo di violenza, l'arresto di Patrizio Peci, di Rocco Micaletto, di Roberto Sandalo sveleranno squarci di verità sull'universo terrorista, sulla sua specularità col sistema politico, sull'uso che il sistema politico ne fa e ne farà. Il 1980 sarà un anno di morte e a Milano saranno uccisi studenti, uomini della polizia, il direttore della Magneti Marelli, carabinieri, terroristi delle Brigate rosse e di Prima linea, il direttore tecnico della Falck, il giudice istruttore Guido Galli, il giornalista del «Corriere della sera» Walter Tobagi. Ma quella primavera milanese del 1979 sembra un piccolo orto di minute consolazioni ritagliate in un incomprensibile paese in fiamme.

Ambrosoli studia con cura la rogatoria internazionale dei giudici americani. Sindona, il 20 marzo, è stato incriminato per la bancarotta della Franklin National Bank e ora la Corte Federale di New York, Distretto Sud, in vista del processo in aula, fa una richiesta di assistenza giudiziaria. Il giudice Thomas Griesa ha necessità di acquisire una documentazione sulla banca americana di Sindona. Vuol ricostruire l'autenticità, i contenuti, la sostanza, la forza di prova di numerosi atti del commissario liquidatore della Banca Privata Italiana.

L'avvocato Ambrosoli e il maresciallo Novembre lavorano insieme a tirar fuori i documenti contabili e amministrativi, e anche a far controlli, verifiche, confronti, collazioni, comparazioni. Sono attenti che non manchi nulla, preparano sintesi, note esplicative, scrivono riassunti, disegnano minuscoli grafici.

CAPITOLO SEDICESIMO

Giorgio Ambrosoli è preoccupato della procedura rigorosa della giustizia americana. Sa che il testimone deve esser capace di spiegare ogni documento, di illustrarlo e possibilmente di produrlo. E lo deve saper fare con semplicità e con chiarezza, oltre che con autorevolezza.

La rogatoria dei giudici americani è una prova acquisita, ufficiale. Gli avvocati di Sindona martelleranno Ambrosoli di domande, faranno di tutto per metterlo in difficoltà e per togliergli credibilità. Bisogna riuscire a essere convincenti, senza sbavature di incertezza e di dubbio.

Quel che ha fatto il commissario liquidatore sarà scrutato come una tela di ragno: Ambrosoli è il principale teste d'accusa, ha scoperto le magagne e le truffe di Sindona e le ha documentate nelle sue relazioni. Ha scoperto anche che Sindona ha comprato la Franklin con soldi non suoi e ha quindi mentito all'autorità americana.

Sindona è invelenito, accusa Ambrosoli – pubblico ufficiale che ha il dovere della correttezza – di aver nascosto documenti che avrebbero potuto scolparlo, lo accusa di aver dichiarato il falso, di avere precedentemente prodotto una documentazione incompleta e parziale per farlo risultare colpevole.

Ambrosoli ha la coscienza netta, è convinto che le carte raccolte in tanti anni di lavoro rivelino la verità in modo solare. È accanito, come sempre, nella ricerca. Approfondisce i problemi, inquadra ogni documento nella sua piccola o grande storia.

Il 3 giugno 1979 si sono tenute le elezioni politiche anticipate, il Pci ha perso un milione e mezzo di voti, il prezzo della «non sfiducia» e della fiducia al governo Andreotti e poi delle larghe intese, del consociativismo, dell'ambiguità nata dalla politica del compromesso storico. La Dc è lievemente arretrata, i socialisti del nuovo corso, che stanno eliminando il loro vecchio simbolo, la falce, il martello e il libro e hanno inventato il garofano, sempre piú aspri coi comunisti, pieni di livori, e accattivanti con democristiani come Fanfani, Bisaglia e Donat Cattin, non hanno ampliato di molto i loro consensi.

Giorgio Ambrosoli sembra tranquillo, le minacce di dicembre e gennaio sembrano svanite senza lasciare traccia. La Banca d'Italia ha resistito, almeno in parte, all'offensiva giudiziaria-politico-affaristica. Sarcinelli è stato infatti escluso dalla Vigilanza sugli istituti di credito. Ma non pare che la Banca centrale abbia perso autorità e indipendenza nei confronti del potere politico. A Paolo Baffi, in settembre, succederà Carlo Azeglio Ciampi, la successione avverrà dunque secondo le regole consolidate della tradizione e non secondo i principî della subalternità governativa e della lottizzazione partitica.

Di progetti di salvataggio non si sente parlare. Ambrosoli non sa che l'avvocato Guzzi continua imperterrito nelle sue tessiture, non sa che Cuccia a New York ha incontrato Sindona, non sa che il 22 marzo Pier Sandro Magnoni ha incontrato Cuccia e gli ha accennato a «un'ipotesi di sostituzione di Ambrosoli come liquidatore della Banca Privata per affidarla a persona piú aperta alle suggestioni di Sindona»[1].

Ambrosoli non sa neppure che Guzzi seguita a consigliarsi con Licio Gelli e che, impavido, non si stanca di distribuire nuovi memoriali. Come il Vallasciani, romanzesco personaggio di Paolo Volponi.

L'ultimo l'ha consegnato il 26 giugno a Giulio Andreotti ancora a Palazzo Chigi. Si intitola «Sindona e le sue banche», l'ha preparato Sindona, l'ha rivisto, con

[1] Turone, Sentenza-ordinanza cit., p. 80.

CAPITOLO SEDICESIMO

Guzzi, il professore Gambino, l'ha letto o corretto, chissà, Cuccia e forse qualcun altro.

Il clima generale è disteso, una diffusa bonaccia. O almeno cosí sembra.

Il 13 giugno, Sant'Antonio da Padova, è un mercoledí. Quel giorno un commesso della Banca Privata Italiana scende in cantina dov'è conservata una parte dell'archivio e sul coperchio di un bidone della spazzatura trova i pezzi di una pistola, una 7,65. La canna, l'otturatore, il carrello, il cane sono accuratamente segati.

Grande allarme, grande trambusto. È una provocazione, una sfida. Ambrosoli cerca di razionalizzare i fatti. Novembre ricorda che in una cassaforte della banca erano custodite una volta numerose pistole che appartenevano agli scortavalori. Poi Ambrosoli ne ha vendute una buona parte. Ne sono rimaste altre?

La pistola segata – risulta dal numero di matricola – è una di quelle pistole. Ma la chiave della cassaforte conservata da un impiegato è scomparsa. Ambrosoli possiede un'altra chiave. In una cassaforte della banca, al secondo piano, dovrebbero esserci ancora 15 pistole. Ce ne sono invece soltanto dieci.

Ambrosoli va subito in Questura, denuncia il furto al commissario Pagnozzi e il commissario minaccia quasi di arrestarlo. Deve intervenire il giudice Viola, con energia.

Le pistole sono state denunciate. Il commissario liquidatore aveva via via denunciato alla polizia anche le vendite fatte. Ma nel 1978, un decreto antiterrorismo ha disciplinato in modo diverso la vendita e il possesso delle armi. Il commissario, secondo la legge, avrebbe dovuto denunciarle di nuovo e essere autorizzato a conservarle come collezionista.

Ambrosoli è preoccupato, pensa alla forza criminale di Sindona, alla sua potenza mafiosa, alla sua capacità di spadroneggiare e di intimidire. È riuscito a rubare quel documento cosí riservato, ha fatto quelle minacce di morte, manda i suoi uomini ad aprire la cassaforte di una banca, lancia avvertimenti che gelano il sangue. Ma Ambrosoli pensa soprattutto, o almeno cerca di farlo credere, che lo si voglia mettere in difficoltà mentre stanno per arrivare a Milano i giudici americani. Sarebbe meno credibile, soggetto a critiche e attacchi, con un procedimento penale sul gobbo al momento della rogatoria.

Nell'ultima settimana di giugno, Pino Gusmaroli accompagna Ambrosoli a casa ogni sera. L'avvocato gli dice a mezza bocca che dovrà andare di nuovo a testimoniare negli Stati Uniti: «Vado e non torno piú, – gli confida. – Mi fanno fuori».

Glielo ripete piú di una volta. Ancora oggi, Pino Gusmaroli seguita a chiedersi: «Perché, perché? Aveva ricevuto nuove telefonate, nuove minacce di morte?»

O ha semplicemente in testa il messaggio mafioso di quella pistola segata?

Ti faremo a pezzi, ti faremo a pezzi nel bidone della spazzatura.

Capitolo diciassettesimo

I giudici americani della rogatoria e l'assassino di Giorgio Ambrosoli arrivano a Milano la mattina dell'8 luglio 1979. Hanno viaggiato sullo stesso aereo?

Ambrosoli, adesso che non tiene piú il suo diario, nota i suoi appuntamenti su un'agendina tascabile coi bordi smussati e dorati. Galati, Galati, Galati, scrive per tre volte il 9, il 10 e l'11 luglio. Giovanni Galati è il giudice istruttore al quale la Corte d'Appello di Milano ha affidato l'incarico di condurre la rogatoria.

Nel suo studio al secondo piano del palazzo di giustizia si incontrano i magistrati italiani e americani, gli avvocati di Sindona, gli interpreti: con Galati e i suoi segretari, Domenico Izzo e il maresciallo Gotelli della Guardia di finanza, il pubblico ministero Guido Viola e il testimone Giorgio Ambrosoli, ci sono William E. Jackson, Special Master del Distretto Sud di New York, l'Assistant Special Master Samuel H. Gillespie; l'Assistant Attorney Walter S. Mack. E poi gli avvocati, John G. Kirby e Steven J. Stein. E gli interpreti, Daniele Adelma, Gabriella Mauriello e Paolo Invancich. Tredici persone.

È una rogatoria durissima. Ambrosoli viene inquisito, tartassato, braccato, ma si difende sempre con molta calma, con il suo stile pacato. Conosce profondamente la materia, ci è annegato dentro per quasi cinque anni, si è minuziosamente preparato e non è mai in difficoltà, anche quando lo scontro tra le parti diventa acceso.

Il giudice Galati vuole sapere dove sono gli archivi, come sono custoditi e dove sono conservati i documenti della Banca Privata Italiana. Ambrosoli lo spiega, illustra i documenti che ha prodotto, estratti conto, vendite di azioni, operazioni di cambio, cosiddette di «lavaggio», operazioni tra la Banca Unione e la Banca Privata Finanziaria e la Franklin National Bank.

Il clima è teso, la mattina del 10 luglio, quando comincia la seconda udienza. Ai 13 si è aggiunto un quattordicesimo, l'interprete del Procuratore distrettuale Mack, Susan Croft. Ambrosoli spiega problemi tecnici, la produzione di conti di società mai possedute da Sindona, entra nei misteri della Fasco A. G., parla della Pacchetti, della Alifin, della Steelinvest, della Albalux, della Kilda, della Kaitas, tira fuori numeri, operazioni, conteggi e ognuno è una stilettata al cuore di Sindona.

Continua implacabile a enumerare le vendite di titoli di società sindoniane, una ragnatela che è riuscito a rendere leggibile. Poi parla del bilancio della Fasco A. G., documenta i profitti per la vendita della Pacchetti Spa, 40 milioni di azioni a 809 lire, 32 miliardi e 360 milioni: «Questo bilancio (...) dovrebbe essere agli atti del processo del dott. Urbisci. L'originale, firmato da Pier Sandro Magnoni, mi risulta essere stato inviato in America a un certo Daniel Porco nel maggio 1973 e poiché Sindona conosce Dan Porco non dovrebbe essere difficile averlo».

Ogni volta che Ambrosoli risponde a una domanda è come se facesse una requisitoria: «Non uno dei dollari ricavati dalla vendita della Zitropo al gruppo Ambrosiano è stato utilizzato per acquistare la Franklin cosí come per aumentare il capitale dell'Amincor».

Spiega le operazioni fiduciarie della Fasco, 10 milioni di dollari pagati a titolo di mediazione a un vescovo ame-

CAPITOLO DICIASSETTESIMO

ricano e a un banchiere milanese: monsignor Marcinkus e Roberto Calvi.

Ambrosoli sembra liberato da un lungo incubo, fa considerazioni, commenti, suscita spesso l'ira degli avvocati di Sindona. È ironico, sardonico: «Le operazioni tra le banche italiane e la Franklin sono documentate da una massa di materiale di circa otto chili che produco in copia».

Svela gli altarini: «Si tratta per la maggior parte di operazioni cambi tra la Banca Unione e la Franklin Bank ideate allo scopo di migliorare il bilancio della Franklin e che Banca Unione ha considerato operazioni non vere, nel senso che alla scadenza non avrebbero avuto alcun scambio di monete. La banca italiana non le ha mai considerate nella propria contabilità».

Il commissario liquidatore illustra i tracciati dei depositi fiduciari e il suo asettico racconto ha suggestioni romanzesche.

Gli avvocati di Sindona lamentano una carenza di documenti che sarebbero stati negati dall'autorità italiana. Il giudice Viola si arrabbia: «I documenti posti a base del procedimento penale italiano sono tutti a disposizione dei difensori italiani del Sindona e del perito Marcello Guido. Sebbene io ritenga che tutti questi documenti non siano affatto utili al procedimento esistente negli Usa, li mettiamo a disposizione degli avvocati americani. È chiaro che l'intenzione degli avvocati americani è quella di far apparire a verbale per il giudice Griesa che non possono difendere il loro assistito perché il governo italiano non mette a disposizione documenti ritenuti importanti. E questo è falso».

La terza udienza comincia alle 10,20 di mercoledí 11 luglio. Di nuovo i medesimi temi, l'archivio della banca, l'Amincor, la Talcott, i telex di Sindona.

La rogatoria sembra ormai una lunga litania: «Quale

documentazione ha prodotto o esibito in relazione al punto 18?»

«Quale documentazione ha prodotto o esibito in relazione al punto 19?»

«Quale documentazione ha prodotto o esibito in relazione al punto 20?»

Le ultime parole di Giorgio Ambrosoli, prima che alle 12,30 dell'11 luglio 1979, il giudice istruttore Giovanni Galati chiuda l'udienza sono grigie, fredde, da manuale di ragioneria: «I conti indicati appaiono solo in detti documenti».

Giorgio Ambrosoli ha poco piú di dodici ore di vita.

Capitolo diciottesimo

Io non so perché Giorgio Ambrosoli viene ucciso proprio allora. Non so perché questo delitto politico tra i piú gravi della storia della Repubblica avviene la notte dell'11 luglio 1979.

L'avvocato di Milano ha conservato intatta la sua credibilità di testimone. I difensori di Sindona speravano probabilmente di coglierlo in fallo e di togliere peso alla forza dirompente delle sue accuse. La rogatoria è terminata, non ha importanza se manca ancora la firma, nessuna Corte di giustizia metterebbe in dubbio la parola di un uomo di legge assassinato. Il processo della Franklin National Bank è avviato e non è la morte di Giorgio Ambrosoli a poterne deviare il corso. E anche la procedura d'estradizione, nonostante gli infiniti ostacoli, è ormai incardinata.

Gli avvocati di Sindona hanno telefonato negli Stati Uniti rivelando al loro cliente l'esito poco felice della rogatoria? E Michele Sindona, paranoico com'è, dominato dalla follia criminale, ha ordinato di uccidere? Ma l'assassino è a Milano da tre giorni e già il 2 luglio sapeva di dover partire. Avrebbe dovuto solo ferire, incendiare, spaventare?

Il capo di imputazione di Michele Sindona nei confronti dell'avvocato Giorgio Ambrosoli è lungo, composito, senza attenuanti.

Ambrosoli ha gravi responsabilità per l'incriminazione di Sindona avvenuta negli Stati Uniti per la bancarotta fraudolenta della Franklin National Bank.

Ambrosoli ha gravi responsabilità per l'aiuto dato alla giustizia americana e all'Fbi.

Ambrosoli ha gravi responsabilità per aver scoperto il marchingegno della Fasco A. G.

Ambrosoli ha gravi responsabilità per aver documentato e per aver contribuito ad affrettare la procedura di estradizione.

Ambrosoli ha gravi responsabilità per aver fatto di tutto al fine di impedire il salvataggio della Banca Privata Italiana[1].

Giorgio Ambrosoli viene probabilmente ucciso per tutte queste ragioni.

E per un'altra, forse preminente. Il commissario liquidatore è in assoluto l'inciampo. Quanti dei protettori politici, dei garanti, degli interlocutori italiani di Sindona hanno attribuito ad Ambrosoli la responsabilità del loro fallimento, del loro non riuscire a condurre in porto il salvataggio della banca? Se non ci fosse Giorgio Ambrosoli...

La persecuzione nei suoi confronti è antica, crescente, le minacce via via sempre piú corpose. Una scala di violenza.

Ambrosoli, solo, si è trovato di fronte un nemico incommensurabilmente potente, legato a uomini politici di governo, legato alla finanza internazionale, dalla City di Londra a Wall Street alle banche svizzere, legato al Vaticano, ai servizi segreti italiani e americani, legato alla P2 e alla massoneria, legato alla mafia e ai poteri criminali.

---

[1] Dopo la morte di Giorgio Ambrosoli l'attività di recupero è proseguita con altri tre liquidatori: si è conclusa solo nel luglio 1987 con la cessione del residuo attivo alla Banca Commerciale Italiana e il pagamento di un riporto finale.

CAPITOLO DICIOTTESIMO

Sindona ha a sua disposizione gli uomini che possono operare alla luce del sole, nello Stato, nel governo, nel Parlamento; ha con sé anche gli uomini delle zone grigie, gli uomini della nebbia, gli uomini delle tenebre; e poi ha con sé gli uomini delle basse operazioni a livello alto e gli uomini delle basse operazioni a livello infimo. Agisce contemporaneamente su tutti i possibili gangli della politica, della criminalità, degli affari, contigui, complici, che proprio in quegli anni in Italia si stanno compenetrando tra loro con effetti devastanti.

Come ha scritto Marco Vitale, subito dopo il delitto, «L'assassinio di Ambrosoli è il culmine di un certo modo di fare finanza, di un certo modo di fare politica, di un certo modo di fare economia. I magistrati inseguano gli esecutori e i mandanti. Ma dietro a questi vi sono i responsabili, i responsabili politici. E questi sono tutti coloro che hanno permesso che la malavita crescesse e occupasse spazi sempre piú larghi nella nostra vita economica e finanziaria; questi sono gli uomini politici che definirono Sindona salvatore della lira e si comportarono di conseguenza; (...) sono i governatori della Banca d'Italia che permisero che i Sindona penetrassero tanto profondamente nel tessuto bancario italiano, pur avendo il potere e il dovere di fermarli per tempo; sono i partiti che presero tangenti formate da denari rubati ai depositanti sapendo esattamente che di questo si trattava; sono quelli il cui nome è scritto nella lista dei "cinquecento"; sono tutti quelli che da vent'anni al vertice della politica e dell'economia, hanno perso persino il senso di cosa sia la professionalità, cioè il subordinare la propria fetta di potere, piccola o grande che sia, agli scopi dell'ordinamento, delle istituzioni, della propria arte o professione, all'interesse del pubblico»[2]».

---

[2] Marco Vitale, in «Il Giornale», 15 luglio 1979.

Sindona è un capo di stato maggior generale che usa tutti gli uomini e i mezzi di cui dispone senza far mistero dell'uno con l'altro. Secondo il giudizio politico, secondo la valutazione dei fatti, anche secondo l'umore o il capriccio.

«Fra il settembre e l'ottobre del 1978, Michele Sindona, evidentemente non soddisfatto di come si stanno muovendo i suoi uomini in Italia (i vari Guzzi, Magnoni, Navarra, Cavallo, ecc.), preoccupato per il fatto di non essere riuscito, neppure attraverso le pressioni su Gelli, Andreotti, Stammati ed Evangelisti, a far decollare i suoi progetti di sistemazione, sempre piú allarmato per l'atteggiamento rigoroso di Ambrosoli, sempre piú esasperato per la scarsa collaborazione di Enrico Cuccia, decide di chiedere soccorso agli ambienti del crimine organizzato italo-americano»[3].

La mafia, con la quale Sindona ha sempre avuto commercio fin dagli anni della giovinezza, subito dopo lo sbarco delle truppe alleate in Sicilia. Le connessioni di Sindona con la mafia verranno confermate in modo manifesto nell'estate 1979, neppure un mese dopo l'assassinio di Giorgio Ambrosoli, quando Sindona organizza il suo falso rapimento in Sicilia, gestito dalla mafia e da suoi uomini rappresentativi come Rosario e Vincenzo Spatola, Francesco Fazzino, Antonio Caruso, Giacomo Vitale, Joseph Macaluso e, soprattutto, da John Gambino, il nipote del capo di una delle piú importanti famiglie di «Cosa nostra», Charles Gambino[4].

Il rancore e il desiderio di vendetta hanno avuto sempre un ruolo nell'animo di Sindona. Ma non sono essenziali per far capire. Il finanziere è un combattente, mai do-

[3] Turone, Sentenza-ordinanza cit., p. 207.
[4] Giovanni Falcone, Inchiesta su Spatola Rosario + 119, Ufficio istruzione del Tribunale di Palermo, 10 maggio 1981.

CAPITOLO DICIOTTESIMO

mo, mai pago, teso solo al futuro, alla ricerca nevrotica di nuove trame che lo ripaghino della sfortuna del passato e dei torti subiti, alla ricerca di soluzioni impossibili che nella sua immaginazione considera assolutamente ragionevoli.

Sindona è un giocatore perenne che affida tutto se stesso alla prossima mano di carte. Non si sente mai uno sconfitto.

Giorgio Ambrosoli viene ucciso, dunque, per un coacervo di ragioni, per tutto quanto è riuscito a fare o si è rifiutato di fare, ma soprattutto per lasciare sgombro il campo e per aprire nuove strade di trattativa, di composizione, di ricominciamento.

William J. Arico arriva all'aeroporto della Malpensa la mattina dell'8 luglio 1979, una domenica. Ha già incassato 25 000 dollari di anticipo della somma pattuita per uccidere Giorgio Ambrosoli.

Noleggia una macchina, una Opel Ascona, all'agenzia dell'Avis e va al suo solito albergo milanese, l'Hotel Splendido, dove si fa registrare col nome del suo passaporto falso, Robert McGovern.

Arico ha conosciuto Sindona nell'autunno 1978. È stato assoldato allora per togliere la tranquillità e, se necessario, la vita a Giorgio Ambrosoli e a Enrico Cuccia.

A far da tramite con Sindona è stato Robert Venetucci, un trafficante di eroina. Arico l'ha incontrato nel carcere di Lewisburg dove stava scontando la pena per una rapina a mano armata. Il tramite tra Venetucci e Sindona è stato un mafioso italo-americano, Luigi Cantafio, assassinato a Brooklyn il 20 dicembre 1978, in affari con il finanziere. Venetucci e Arico lavorano in una società di Cantafio che fa da schermo ai loro traffici criminali, la Mini Film Mart, di cui Sindona è consulente finanziario.

Il vecchio salvatore della lira, che ha smesso di frequentare le stanze delle banche centrali, le sale degli esclusivi banchieri di Londra, i sotterranei del Vaticano, gli studi privati dei ministri, ora si fa vedere spesso al Motel Conca d'Oro, a Long Island. Ha una consulenza finanziaria con una società dei Gambino, la Genovese Concrete Contracting.

È la decima volta, dal settembre 1978, che Arico arriva a Milano. I suoi viaggi corrispondono spesso ad azioni intimidatorie, a minacce, a violenze. Per esempio l'incendio appiccato al portone della casa di Enrico Cuccia, in via Maggiolini.

L'ultima volta che è venuto a Milano è il 13 giugno, il giorno in cui alla Banca Privata Italiana è stata scoperta la pistola segata lasciata bene in vista sul bidone della spazzatura.

Arico – con lui c'è la moglie Joan – si è fermato in città fino al 27 giugno. Probabilmente allora Arico ha sezionato i quartieri, ha studiato le strade e le piazze, ha pedinato l'avvocato tra la banca, lo studio privato e la casa, ne ha imparato le abitudini, ha pensato ai luoghi piú adatti per il delitto.

Il suo quartier generale è sempre l'Hotel Splendido, quasi all'angolo con la piazza della stazione centrale, tra i caffè, le bancarelle, il disordine dei posteggi abusivi, il night club «Gatto verde», un porto di mare, un andare e venire di giapponesi, egiziani, spagnoli, tedeschi sui pullman del turismo di massa. L'albergo, di prima categoria, sembra un palazzotto blindato, ornato di ottoni, di metalli lustri, di vetri doppi, con un bar frequentato da clienti immobili, il viso coperto da occhiali neri. Il Robert's bar. In ricordo di quell'affezionato cliente che si faceva chiamare Robert McGovern morto il 19 febbraio 1984 nello sfortunato tentativo di evadere dal carcere di New York?[5].

[5] William Arico viene arrestato a New York l'8 dicembre 1979 mentre sta rapinando una gioielleria. Il 28 giugno 1980 riesce a evadere dal carcere di Rikers Island. Il 23 marzo 1981, fermato al confine tra Canada e Stati Uniti, non viene riconosciuto. Viaggia infatti col passaporto falso intestato a Robert McGovern: in quell'occasione gli vengono sequestrati degli appunti che riguardano le ricerche da lui fatte a Milano per rintracciare Enrico Cuccia che doveva essere assassinato nel 1980 e che si salvò solo perché in gran segreto cambiò casa. Nelle carte sequestrate dalla polizia, con il numero di telefono e l'indirizzo del banchiere, ci sono documenti del Credito svizzero di Ginevra e le prove dei rapporti tra Arico e Venetucci. Il 16 giugno 1982, Arico viene arrestato nella casa di una figlia, con numerose armi e una pianta di Milano dov'è indicata, con segni a penna, via Maggiolini, la strada in cui abitava Enrico Cuccia. Dopo l'arresto, il sostituto procuratore distrettuale di New York, Charles Rose, analizza tutta la documentazione acquisita, anche quella sequestrata a McGovern, e avvia, secondo la procedura americana, una trattativa con l'incriminato che ha per oggetto i reati commessi da Arico negli Stati Uniti. La trattativa non va in porto, l'ipotesi di patteggiamento fallisce. Arico ha fatto rivelazioni sui delitti commessi in Italia, ma le rivelazioni, nel rispetto del Quinto emendamento della Costituzione americana, non possono essere utilizzate. Il 19 febbraio 1984, Arico, mentre sta tentando di evadere dal carcere di New York precipita da oltre 15 metri di altezza e muore. Questa è la versione ufficiale: la morte resta misteriosa e inspiegata, suscita sospetti. I vincoli della segretezza vengono meno. Il sostituto procuratore Charles Rose invia così alla magistratura italiana un affidavit in cui racconta la deposizione resa da Arico che, anche in presenza di un testimone, l'agente Michael Mott, confessa di aver ucciso l'avvocato Giorgio Ambrosoli. Le successive inchieste della magistratura italiana e americana e i processi celebrati in Italia hanno confermato la verità dei fatti raccontati da Arico al giudice americano. I riscontri e le testimonianze sono stati numerosi. Le indagini hanno permesso di stabilire il rapporto criminale tra William Arico, il killer, e Michele Sindona, il mandante del delitto, collegati da Robert Venetucci. Il prezzo pagato per l'assassinio di Giorgio Ambrosoli è stato un anticipo di 25 000 dollari versati a Arico prima del delitto e 90 000 dollari accreditati successivamente su una banca di Lugano e destinati sia a Arico sia a Venetucci: Turone, Sentenza-ordinanza cit.; Sentenza 1[a] Corte d'Assise di Milano, presidente estensore Passerini, 18 marzo 1986; Sentenza 2[a] Corte d'Assise d'appello di Milano, presidente Renato Cavazzoni, consigliere estensore Luciano Deriu, 5 marzo 1987. Michele Sindona e Robert Venetucci sono stati condannati in primo grado alla pena dell'ergastolo. La pena è stata confermata in appello per Venetucci. Pier Sandro Magnoni è stato condannato per violenza privata e tentata estorsione ai danni di Enrico Cuccia a quattro anni di reclusione in primo grado, a 3 anni e 6 mesi in appello. Tra gli altri condannati, per vari reati, John Gambino, Francesco Fazzino, Giuseppe Macaluso, Luigi Cavallo. La sentenza è passata in giudicato: Corte suprema di Cassazione, Sezione Prima penale, presidente Corrado Carnevale, consigliere estensore Mario Garavelli, 25 febbraio 1988. Michele Sindona è morto nel carcere di Voghera dopo aver bevuto un caffè avvelenato il 22 marzo 1986, a quattro giorni dalla sentenza della 1[a] Corte d'Assise. Per suicidio, secondo l'inchiesta della magistratura di Milano.

La mattina dell'11 luglio, il giorno del delitto, William Arico restituisce l'Opel Ascona noleggiata alla Malpensa. L'Avis è quasi davanti all'albergo, sull'angolo della galleria delle carrozze della stazione. L'auto ha percorso 247 chilometri.

Un po' piú in là, sotto la stessa galleria delle carrozze, c'è l'autonoleggio Maggiore dove Arico sceglie pochi minuti dopo una Fiat 127 targata Roma T42711.

È la 127 rossa che il portinaio di via Morozzo della Rocca 6 vede sfrecciare dalla parte di corso Magenta, quasi in coda ai tre colpi di pistola rimbombati in quella notte d'estate.

William Arico la riconsegna all'agenzia Maggiore la mattina del 12 luglio 1979: ha fatto solo 70 chilometri. L'assassino paga con una carta di credito intestata al suo vero nome. Riparte per New York col volo di mezzogiorno della Twa.

(Sul passo carraio dove è caduto l'avvocato non è rimasto alcun segno. Povero Ambrosoli, morto forse per nulla in nome dei principî di onestà. Da ragazzo aveva sognato di morire in battaglia per la patria su un cavallo imbizzarrito. Come Petia Rostov. È morto assassinato su un marciapiede di città, per una patria smarrita).

«L'anno 1979, oggi 12 luglio 1979, alle ore 12,30, nell'ufficio del giudice istruttore dott. Giovanni Galati, sono presenti tutte le parti di cui al precedente verbale, tranne lo Special Master Jackson.

«Non è presente l'avvocato Giorgio Ambrosoli. Il giudice istruttore precisa che, come risulta a foglio 50, tutte le parti erano d'accordo che in data odierna si desse lettura dell'intero verbale di deposizione testimoniale reso dall'avv. Giorgio Ambrosoli e in particolare che lo Special Master Jackson, rappresentante del giudice Griesa, auto-

CAPITOLO DICIOTTESIMO

rizzava tale lettura e delegava per l'assistenza e la firma, anche in sua sostituzione, il sig. Gillespie.

«Il giudice istruttore fa presente che l'avv. Giorgio Ambrosoli è stato assassinato in data 11 luglio 1979, alle ore 24 circa»[6].

---

[6] Ai funerali di Giorgio Ambrosoli, il 14 luglio 1979 nella chiesa di San Vittore a Milano, non ha presenziato nessuna autorità di governo e nessuna autorità in rappresentanza del governo. Presenti invece il governatore della Banca d'Italia, Paolo Baffi, i giudici Viola, Urbisci, Galati e numerosi altri magistrati milanesi.

*Stampato per conto della Casa editrice Einaudi
presso Mondadori Printing S.p.A., Stabilimento N.S.M., Cles (Trento)*

C.L. 17763

Edizione							Anno			
8	9	10	11	12	13		2009	2010	2011	2012